Michail Krausnick

HUNGRIG!

Michail Krausnick

Hungrig!

Die Lebensgeschichte des Jack London

BELTZ
& Gelberg

Michail Krausnick, geb. 1943 in Berlin, studierte Literaturwissenschaft und Soziologie, lebt als freier Schriftsteller in Neckargemünd. Er veröffentlichte Hörspiele, Drehbücher, Theaterstücke und Romane, darunter *Beruf: Räuber* und *Lautlos kommt der Tod.* Im Programm Beltz & Gelberg veröffentlichte er die Geschichte einer Sinti-Familie: *Da wollten wir frei sein!*

CIP-Kurztitelaufnahme der Deutschen Bibliothek

Krausnick, Michail:
Hungrig! : Die Lebensgeschichte d. Jack London
Michail Krausnick. – Weinheim : Beltz und Gelberg, 1984.
(Beltz-Gelberg-Biographien)
ISBN 3-407-80652-3

 Programm Beltz & Gelberg, Weinheim
Reihenlayout und Einband von Willi Glasauer
Gesamtherstellung Beltz Offsetdruck, 6944 Hemsbach über Weinheim
Printed in Germany
ISBN 3 407 80652 3

Ein Bekenntnis

»Ich habe oft gedacht, daß ich meine Erfolge als Schriftsteller der Erfahrung zu verdanken haben muß, die ich in meinen Vagabundentagen gesammelt habe. Um die Nahrung zu erhalten, die ich zum Leben brauchte, war ich genötigt, Geschichten zu erzählen, die wahrscheinlich klangen. Wenn man, von einem unerbittlichen Zwange getrieben, an der Küchentür steht, entwickelt sich die Fähigkeit, zu überzeugen und aufrichtig zu wirken, die von den Kritikern als erste Voraussetzung, gute Erzählungen zu schreiben, betrachtet wird. Ich bin auch fest davon überzeugt, daß es meine Lehrzeit als Vagabund war, die mich zu einem Realisten gemacht hat. Realismus ist die einzige Ware, die man gegen Nahrungsmittel an der Küchentür eintauschen kann.«

»Im Staate Nevada wohnt eine Frau, die ich einmal bewußt und schamlos mehrere Stunden hintereinander belogen habe. Ich will mich nicht bei ihr entschuldigen, keineswegs. Aber ich möchte ihr eine Erklärung geben ...

Es war mein letzter Abend in Reno. Zweierlei hatte ich noch zu tun. Erstens: einen Platz auf dem blinden Gepäckwagen des abends abgehenden Überlandzuges nach Westen zu erwischen. Zweitens: eine Mahlzeit zu erbetteln.

Aber dieses ›Eine-Mahlzeit-Erbetteln‹ war keine Kleinigkeit. Ich hatte ein Dutzend Häuser vergebens abgeklappert. Zuweilen machte man unangenehme Bemerkungen über schwedische Gardinen, hinter die ich gehörte, wenn es mir nach Verdienst ginge ...

Fast hatte ich den Mut verloren. Ich ging an vielen Häusern vorbei, ohne mich hineinzuwagen. Alle Häuser sahen gleich aus, aber keines einladend. Nachdem ich ein halbes Dutzend Ecken weitergekommen war, schüttelte ich meine Niedergeschlagenheit ab und nahm mich zusammen. Ich entschloß mich, mein Glück im nächsten Haus zu versuchen.

Ich klopfte vorsichtig an, und als ich das freundliche Gesicht einer Frau in mittleren Jahren sah, die mir öffnete, fiel mir plötzlich die ›Geschichte‹ ein, die ich ihr erzählen mußte. Denn man muß wissen, daß für einen Bettler viel vom Erzählen einer guten Geschichte abhängt.

Vor allem, und zwar im ersten Augenblick, muß der Bettler sein Opfer ›abschätzen‹. Hierauf muß er eine Geschichte erzählen, die sich nach der Persönlichkeit des jeweiligen Opfers zu richten hat ...

Der erfolgreiche Landstreicher muß ein Künstler sein. Er muß sofort und ohne sich zu bedenken erfinden – und darf nicht aus dem Überfluß seiner Phantasie schöpfen, sondern aus dem, was er in dem Gesicht der Person liest, die ihm die Tür öffnet, einerlei, ob es Mann, Frau oder Kind, ob das Gesicht freundlich oder mürrisch, freigebig oder geizig, gutmütig oder boshaft, schwarz oder weiß, von Rassenvorurteilen geprägt oder von brüderlichem Geist beseelt, von Kurzsichtigkeit oder Weitblick, oder was es sonst sein kann, gezeichnet ist.

Aber zurück zu der Frau in Reno, die mir in der Dämmerung die Tür öffnete. Sobald ich den ersten Schimmer ihres freundlichen Gesichtes sah, war mir klar, wie ich mich zu verhalten hatte. Ich wurde ein lieber, unschuldiger, unglücklicher Junge. Ich konnte nichts herausbringen. Ich öffnete den Mund und schloß ihn wieder. Noch nie hatte ich einen Menschen um Essen gebeten. Ich, der ich das Schnorren als eine angenehme, lustige Beschäftigung betrachtete, machte aus mir einen braven Bürgerknaben, mit der ganzen Moral des Bürgerstandes belastet. Und ich versuchte, mein Gesicht in müde und traurige Falten zu legen, wie es sich für einen treuherzigen, hungrigen Burschen schickte, der nicht gewohnt war, zu betteln.

›Sie sind hungrig, junger Mann‹, sagte sie. Ich hatte sie dazu gebracht, das erste Wort zu sprechen. Ich nickte und schluckte. ›Es ist das erstemal, daß ich je ... gebettelt habe‹, sagte ich mit zitternder Stimme.

›Kommen Sie herein!‹ Die Tür wurde weit geöffnet. ›Wir haben selbst gerade fertig gegessen, aber es ist noch Feuer auf dem Herde, und ich kann Ihnen schnell etwas machen.‹ Als ich ins Licht trat, betrachtete sie mich forschend. ›Ich wünschte, mein Junge wäre so gesund und stark wie Sie‹, sagte sie. ›Aber er ist nicht stark. Manchmal fällt er hin. Gerade heute nachmittag ist er wieder hingefallen und hat sich bös gestoßen, der arme Junge!‹

In ihrer Stimme lag eine unsagbare Mütterlichkeit und Milde, und ich sehnte mich sehr, teil daran zu haben.

Ich sah ihn an. Er saß dünn und blaß, mit verbundenem Kopf, an der anderen Seite des Tisches. Er regte sich nicht, aber seine Augen, die im Schein der Lampe schimmerten, ruhten anhaltend und verwundert auf mir.

›Gerade wie mein armer Vater‹, sagte ich. ›Er hatte die Fallsucht. Eine Art Schwindel. Die Ärzte waren ratlos. Sie konnten nicht herausbekommen, was mit ihm los war.‹

›Ist er tot?‹ fragte die Frau sanft und legte mir ein halbes Dutzend weichgekochter Eier vor.

›Tot‹, schluchzte ich. ›Vor vierzehn Tagen. Ich war bei ihm, als es geschah. Wir wollten über eine Straße gehen. Auf einmal fiel er hin. Er kam nicht wieder zum Bewußtsein. Man trug ihn in eine Apotheke, und dort starb er.‹

Und so verbreitete ich die mitleiderregende Geschichte meines Vaters – wie er mit mir nach dem Tode meiner Mutter den Hof verlassen hatte und nach San Francisco gegangen war; wie seine Pension (er war alter Soldat) nicht ausreichte und wie er sein Glück als Buchhändler versucht hatte. Auch von meinen traurigen Erlebnissen in den wenigen Tagen nach seinem Tode erzählte ich, die ich allein und verlassen in den Straßen San Franciscos verbracht hatte. Die gute Frau briet Speck und kochte noch mehr Eier, und ich aß alles, was sie mir vorsetzte, und dabei verbreitete ich mich mit immer größerer Beredsamkeit über den armen elternlosen Jungen. Immer mehr Einzelheiten erzählte ich. Ich wurde wirklich dieser arme Junge. Ich hätte selbst über mich weinen können. Ich weiß, daß meine Stimme zuweilen von Tränen erstickt war. Es war sehr wirkungsvoll.

Tatsächlich: bei jedem neuen Zuge, mit dem ich das Bild ausstattete, gab mir die gute Seele mehr. Sie packte mir etwas zum Mitnehmen ein, viele gekochte Eier, Pfeffer und Salz und einen großen Apfel. Sie versah mich mit drei Paar dicken rotwollenen Socken. Und unterdessen gab sie mir immer mehr zu essen, und ich stopfte immer mehr in mich hinein. Ich fraß wie ein Wilder, aber es war doch eine weite Strecke in einem blinden Güterwagen über die Sierra, die vor mir lag, und ich wußte nicht, wann und wo ich das nächste Mal etwas zu essen bekommen würde. Und die ganze Zeit über saß ihr eigener unglücklicher Junge, wie ein Totenkopf beim Feste, stumm und unbeweglich da und starrte mich von der anderen Seite des Tisches an. Für ihn stellte ich wohl die Mystik, die Romantik, das Abenteuer dar – alles, was ihm bei seiner schwach zuckenden Lebensflamme versagt war. Und doch schoß es mir ein paarmal durch den Kopf, daß er mich vielleicht bis auf den Grund meiner verlogenen Seele durchschaut hätte.

›Wohin gehen Sie jetzt?‹ fragte die gute Frau.

›Nach Salt Lake City‹, sagte ich. ›Dort habe ich eine Schwester, eine verheiratete Schwester.‹ (Ich dachte nach, ob ich sie zur Mormonin machen sollte, ließ es dann aber bleiben.) ›Ihr Mann ist Unternehmer.‹

Nun wußte ich gut, daß Unternehmer in der Regel viel Geld verdienen. Aber ich hatte es einmal gesagt. Ich mußte es nach Möglichkeit wiedergutmachen.

›Sie würden mir das Reisegeld geschickt haben, wenn ich darum gebeten hätte‹, erklärte ich, ›aber sie haben geschäftliches Unglück gehabt. Sein Kompagnon hat ihn betrogen. Und da wollte ich nicht schreiben und um Geld bitten. Ich wußte, daß ich schon irgendwie hinkommen würde. Ich ließ sie in dem Glauben, daß ich genug hätte, um nach Salt Lake City zu kommen. Sie ist lieb und gut. Sie ist immer gut gegen mich gewesen. Ich denke, ich werde zu meinem Schwager in die Lehre kommen und später in sein Geschäft eintreten. Sie haben zwei Töchter. Die sind jünger als ich. Eine ist noch ganz klein.‹

Von allen verheirateten Schwestern, die ich über die Vereinigten Staaten ausgestreut habe, ist die Schwester in Salt Lake City die beste. Sie steht ganz lebendig vor mir. Wenn ich von ihr erzähle, kann ich sie, ihre beiden kleinen Mädchen und ihren Mann, den Unternehmer, gleichsam vor mir sehen.

Andererseits habe ich das sichere Gefühl, daß ich nie meinen vielen Eltern und Großeltern begegnen werde – denn sehen Sie, die habe ich unweigerlich ums Leben gebracht. Ein Herzleiden war meine Lieblingsmethode, um meine Mutter loszuwerden, aber in geeigneten Fällen habe ich sie auch an Schwindsucht, Lungenentzündung und Typhus sterben lassen.

Ich hoffe, daß die Frau in Reno diese Zeilen lesen und mir meine Frechheit und Verlogenheit verzeihen wird. Ich entschuldige mich nicht, denn ich schäme mich nicht. Es waren Jugend, Lebensfreude und Abenteuerlust, die mich an ihre Tür führten. Es tat mir gut. Es lehrte mich, wie herzensgut Menschen sein können. Für sie war meine Geschichte ›wahr‹. Sie glaubte an mich und meine ganze Familie und war von Sorge erfüllt bei dem Gedanken an die beschwerliche Reise, die meiner wartete, ehe ich nach Salt Lake City kam …

Und die wollenen Socken waren wirklich großartig. Ich trug ein Paar von ihnen, als ich in derselben Nacht auf dem ›blinden‹ Güterwagen mit dem Überlandzuge nach dem Westen fuhr.«

Zwischenbemerkung: *Die Jack-London-Legende*

Eine Lüge wäre eigentlich nicht nötig gewesen. Unser bettelnder Märchenerzähler hätte ebensogut bei der Wahrheit bleiben können. Sein wirkliches Leben war seine erfolgreichste Story. Jack London hat sie immer wieder aufs neue erzählt und ausgesponnen und ein Vermögen aus ihr gemacht. Der hungrige Vagabund stieg auf zum erfolgreichsten und bestverdienenden Schriftsteller seiner Zeit.

Manche Kritiker werfen Jack vor, er habe seine Lebensgeschichte dramatisiert, romantisiert und verfälscht. In der Tat: diese Schwäche ist seine Stärke. Jack neigt – wie viele gute Erzähler – zum Übertreiben, und manchmal half er der Wahrheit ein bißchen nach, damit eine gute Story draus wurde. Trotzdem bleibt er zugleich näher an der Wirklichkeit als andere Autoren: Jack London schöpft aus eigenen Erlebnissen und Erfahrungen, in vielen Geschichten ist er selbst die Hauptperson, sein eigener Held, seine beste Erfindung: als Austernpirat, Seemann, Tramp, Zuchthäusler oder Goldsucher bringt er seine Abenteuer und Erkenntnisse unmittelbar mit ein. Selbst in der Maske von Weißzahn, dem Wolfshund, bellt, heult und träumt der Autor, umschreibt er selbsterlebte Wirklichkeiten.

Und manchmal hat es dabei fast den Anschein, als hätte Jack ganz gezielt auf solche Lebensgeschichten hingelebt, auf einen monumentalen Jack-London-Roman, der sich aus allen seinen Werken mosaikartig zusammenfügt. Als Lebenswerk. Als hätte er sein Leben für den Leser aufs Spiel gesetzt, als hätte er sich wie in einem Experiment selbst ausprobiert. Und darüber Buch geführt. Bis zu seinem Tode.

Auf der falschen Seite der Schienen

»Quer durch die Stadt lief eine Straßenbahn, von Drahtseilen angetrieben. Nördlich der Schienen lagen die Theater, die Kaufhäuser, die Banken, südlich der Schienen waren wir: die Fabriken, die Kesselhäuser, die Wohnstätten der arbeitenden Klasse!«

Am 12. Januar 1876 wird Jack London in San Francisco geboren, »auf der falschen Seite der Straßenbahnschienen«, wie er später einmal sagte. Armut, Arbeit und Hunger prägen seine Kindheit und Jugend, aber auch die Hoffnung, irgendwann einmal den Weg über die Schienen hinweg zur besseren Seite zu schaffen. Das ist der alte amerikanische und erst recht der kalifornische Traum, der Traum der Pioniere und Goldgräber. Deshalb ist man ja schließlich hier: im äußersten Wilden Westen, am Rande Amerikas, am anderen Ufer des Pazifischen Ozeans. Der kleine Jack lernt, diese Träume mitzuträumen. San Francisco um 1876 ist eine aufregende, eine schillernde Stadt, eine Stadt der Abenteurer, Goldsucher, Glücksspieler und Seeleute, der Einwanderer und Auswanderer, eine Stadt der Unruhe und Habgier. Da gibt es das Elend der Obdachlosenquartiere, den Hafenbezirk, das Chinesenviertel, Kneipen, Bordellstraßen, Spielsalons und Opiumhöllen und andererseits die schloßähnlichen Villen der Moneymaker, der wenigen, die es bereits geschafft haben. Der rasch erworbene Reichtum wird protzig zur Schau gestellt. Aber noch ist alles offen, die Industrialisierung kriegt jetzt erst richtig Dampf. Die Eisenbahnverbindung zwischen Pazifik und Atlantik ist, als Jack geboren wird, gerade sieben Jahre alt. Jetzt kann man groß umsteigen und umladen in San Francisco: von der Bahn aufs Schiff, von Ost nach West und umgekehrt.

Und schließlich: San Francisco bietet phantastische Fluchtmöglichkeiten. Schon als kleiner Junge träumt Jack London seine ersten Segelbootträume von der großen Reise durchs Golden Gate, das goldene Tor:

»Hast du nicht manchmal das Gefühl, du würdest sterben, wenn du nicht wüßtest, was hinter den Hügeln liegt und was nach den Hügeln kommt, die hinter diesen Hügeln liegen? Und das Golden Gate? Hinter dem liegt der Pazifische Ozean und China und Japan und Indien und die Koralleninseln. Du kannst durch das Golden Gate überall hinfahren – nach Australien, nach Afrika, zu den Robbeninseln, zum Nordpol, zum Kap Hoorn. Wahrhaftig, all diese Orte warten nur darauf, daß ich komme und sie sehe. Ich werde fortgehen ... fort ...«

Seinen leiblichen Vater, William Henry Chaney, einen spiritistischen Philosophen, Astrologen und Wanderprediger, hat Jack niemals persönlich kennengelernt. Als er zur Welt kommt, ist der »Professor« längst schon weitergezogen. Und zwanzig Jahre später leugnet Chaney in einem Brief sogar die Vaterschaft: er sei damals entkräftet und überhaupt nicht zeugungsfähig gewesen. Da könne ja mancher kommen, wird er sich gedacht haben, denn auf seinen Geschäftsreisen durch die Vereinigten Staaten hatte er sich auch andernorts auf eheähnliche Verhältnisse eingelassen. Vermutlich wollte er sich auch nicht mehr an sein zweijähriges Zusammenleben mit Jacks Mutter erinnern und verdrängte, was damals als Skandalgeschichte Schlagzeilen machte. Im *Francisco Chronicle* vom 4. Juni 1875 jedenfalls wurde groß und breit über den verzweifelten Selbstmordversuch einer »Misses Chaney« berichtet. Die schwangere Frau – so stand zu lesen – habe eine Überdosis Opium genommen und sich mit einem Revolver in die Schläfe geschossen, konnte aber in letzter Minute gerettet werden. Der Grund ihrer Verzweiflung: ihr Lebensgefährte, Professor W. H. Chaney, »ein herzloser, brutaler Unmensch«, habe sie aus dem Hause gejagt, weil sie sich weigerte, »die Frucht ihres Leibes« abtreiben zu lassen. »Ein Kapitel menschlicher Herzlosigkeit und häuslichen Elends!« entsetzte sich die Zeitung und ließ es sich nicht nehmen, die Tragödie in allen Einzelheiten genüßlich auszumalen. Wieviel Wahrheit in dieser Dreigroschenstory steckt, läßt sich heute freilich nicht mehr feststellen. Fest steht, daß die Liebe zweier Menschen in einer Katastrophe endete und daß sich der »Professor« nach dem Skandal schleunigst aus dem Staub machte. Die »Leibesfrucht« aber war Jack London, dessen Geburt im Januar 1876 unter dem Namen John Griffith Chaney registriert wurde.

Jacks Mutter, Flora Wellmann, stammt aus einer wohlhabenden Kaufmannsfamilie in Ohio und ist gutbehütet als höhere Tochter mit viel Literatur und Klavierspiel aufgewachsen. Zeitlebens fühlt sie sich als etwas Besseres, und schon früh bekommt der kleine Jack ihre Unzufriedenheit und Unrast zu spüren. Denn im Grunde ist es ihr sehnlichster Wunsch, wieder aufzusteigen in die großbürgerliche Lebenssphäre, der sie in jungen Jahren nach einer Auseinandersetzung mit ihren Eltern davonlief. Jahrelang hat sich die kleine, nicht gerade hübsche, aber sehr entschlossen wirkende Frau als Klavierlehrerin durchgeschlagen, bis sie den zwanzig Jahre älteren »Professor« Chaney kennen- und liebenlernt. Zwei Jahre leben beide gemeinsam in einer kleinen Pension in San Francisco. Als sie der wandernde Sterndeuter trotz des spektakulären Selbstmordversuchs endgültig im Stich läßt, scheint Floras Lage aussichtslos. Doch bereits ein Jahr später findet sie einen Mann, der bereit ist, ihren kleinen Jack zu adoptieren und das Unglück mit ihr zu teilen: John London, einen Farmer ohne Farm.

Flora hat den gutmütigen Mann auf einer spiritistischen Sitzung kennengelernt. Gemeinsam verdoppeln sie ihre Sorgen, denn der fleißige Gelegenheitsarbeiter ist nicht nur arbeitslos, sondern auch lungenkrank und seit kurzem verwitwet. Von seinen sieben Kindern bringt er allerdings nur die jüngeren, zwei Mädchen, mit in die Ehe. Was die beiden Pechvögel verbindet, ist ihr gemeinsames Lebensziel, aus der Unterstadt rauszukommen. Beide sind

Absteiger, und beide wollen wieder zurück: John aufs Land und Flora in die bürgerliche Idylle ihrer Kindheit. Beide fühlen sich im Arbeiter- und Armenviertel fehl am Platze. Hier bleiben sie fremd, hier sind sie Heimatlose. Hier müssen sie raus.

»Meine Umgebung war ungebildet, roh, hart. Mein Platz in der Gesellschaft tief unten, wo nichts als Schmutz und Elend war, wo Körper und Geist ausgehungert und zerquält wurden.«

Schon früh lernt Jack, die amerikanischen Karriereträume mitzuträumen: vom Tellerwäscher zum Millionär, vom Zeitungsjungen zum Präsidenten. Am Ende aber führen solche Illusionen doch nur in die Kneipen und Destillen, in die Opiumhöllen, in die Kriminalität oder wie bei Jacks Eltern in einen spiritistisch-astrologischen Wunderglauben. Ein unermeßlicher Hunger nach Leben, nach besserem Leben, nach Wohlleben auch, nach einem freien und selbstbestimmten Leben prägt die Kindheit Jack Londons und schließlich seine gesamte Entwicklung.

»Mit sieben Jahren stahl ich ein Stückchen Fleisch von einem kleinen Mädchen. Ich hätte mein Erstgeburtsrecht verkauft für einen Teller Suppe. Mit acht bekam ich mein erstes Hemd, ein armes, schmutziges Ding, über dem ich nichts tragen wollte, damit alle Leute mein Hemd sehen konnten. Mit zehn verkaufte ich Zeitungen auf der Straße, von drei Uhr morgens bis die Schule begann. Nie habe ich ein Spielzeug besessen. Ich hatte keine Kindheit. Ich war nie ein Kind ...
Hunger, Hunger, Hunger! Von der Zeit, wo ich keinen anderen Ruf kannte als den meines Magens, bis heute, wo der Ruf ein höherer ist: Hunger, nichts als Hunger.«

Zunächst einmal aber scheint es mit der Familie London aufwärts zu gehen. Flora stellt Horoskope, veranstaltet spiritistische Sitzungen und erteilt Musikunterricht. John London nimmt jede

Arbeit an, versucht sich als Zimmermann, Maurer und Nähmaschinenverkäufer. Und schließlich kommt der ehemalige Farmer auch seinem Traumziel etwas näher: ein kleiner Obst- und Gemüsehandel wirft Gewinn ab. Die Familie kann die Pacht für eine alte, heruntergewirtschaftete Farm zusammenkratzen und zieht aufs Land.

Vom vierten bis neunten Lebensjahr lebt der kleine Jack auf drei verschiedenen Bauernhöfen und fühlt sich dort ziemlich allein. Er hat kaum Spielgefährten, die beiden Stiefschwestern sind wesentlich älter, und Mutter Flora kümmert sich nur selten um ihren Sohn. Mutterliebe und Zuneigung fand und findet der kleine Jack eher bei seinem Kindermädchen, der Negerin Jennie Prentiss, seiner »Mammy Jennie«. Später wird Lieblingsschwester Eliza seine Ersatzmutter und Vertraute.

Nach einem weiten Schulweg erwartet den kleinen Jack in der Landschule ein wildes Chaos. Vier Klassen zusammengesperrt in einem viel zu kleinen Raum, der Lehrer als ein bisweilen recht hilfloser Dompteur zwischen den verschiedenaltrigen Kindern. Hier läßt sich nur wenig lernen. Zum Glück kann Jack dank Schwester Eliza längst lesen und schreiben, als er eingeschult wird, und bald schon hat er seine ersten Leseabenteuer in der Phantasiewelt der Groschenhefte und Kitschromane. So kann er sich an endlosen Nachmittagen aus seiner Einsamkeit flüchten.

In John London findet der heranwachsende Jack einen väterlichen Freund. Gemeinsam gehen sie zur Jagd oder zum Fischen und Muschelsammeln an die nahe Küste. Jack hilft bei der Feldarbeit, beim Pflücken, bei Weinlese und Obsternte. Reichtümer sind auf den armseligen Farmen, die die Londons gepachtet haben, zwar nicht zu gewinnen, aber keiner muß hungern, die Familie hat ihr Auskommen.

Die Katastrophe bricht erst herein, als John London – getrieben von Floras Ehrgeiz – versucht, unabhängig zu werden, indem er eine kleine Ranch in Livermore Valley aus dem Minus herauswirtschaftet. Diesmal hat die Familie alles auf eine Karte gesetzt:

Hühnerzucht und Eierverkauf an ein Hotel in San Francisco. Eine Zeitlang läuft alles gut. Bis plötzlich eine Epidemie in den Hühnerställen ausbricht, an der alle Legehennen zugrunde gehen. Das ist der Knockout: die Bank fordert die geliehenen Gelder zurück, John London ist zahlungsunfähig und muß erneut als Farmer ohne Farm in die Stadt zurückkehren. Jack ist zehn Jahre alt, als auch für ihn der Weg nach unten beginnt.

Doch Mutter Flora denkt auch jetzt noch nicht ans Aufgeben. Im Hafenviertel von Oakland mietet sie ein Achtzimmerhaus, benennt es als *Pension* und untervermietet Schlafstellen an zwanzig schottische Fabrikarbeiterinnen. Jack findet in seiner Familie immer weniger ein Zuhause: die Mutter denkt nur noch an ihre Geschäfte, und auch von seiner Lieblingsschwester fühlt er sich im Stich gelassen. Eliza hat sich in die Ehe mit einem dreißig Jahre älteren Mann, einem Witwer mit drei Kindern, abgesetzt. Auch sein Vater, von Mißerfolg krank und mürbe gemacht, hat keine Zeit mehr für ihn, jagt nach Hilfsarbeiterjobs im Gemüsehandel oder betätigt sich als Nachtwächter.

Es geht weiter nach unten. Auch die Pension muß aufgegeben werden. John London erkrankt, wird arbeitslos und kann wieder einmal die Schulden bei der Bank nicht zurückzahlen. Obdach findet die Familie im Elendsviertel von Oakland. Selbstverständlich muß jetzt auch Jack mitverdienen. Die Träumerei von Reisen und Abenteuern hat ein Ende. Der Schlaf ist nur noch kurz. Jack wird Zeitungsjunge. Morgens um vier steht er fröstelnd in der Einfahrt des Verlagshauses und holt sein Paket mit den noch druckfeuchten Zeitungen ab. Im Halbschlaf eilt der Zehnjährige von Haustür zu Haustür und beliefert die ihm zugeteilten Straßenzüge. Nachmittags muß er sich mit der Abendausgabe in den Kneipen des Hafenviertels selbst seine Kundschaft suchen. Die drei Dollar, die er monatlich verdient, gibt er seiner Mutter. Für sein Taschengeld arbeitet er zusätzlich am Wochenende: fegt Kneipen aus, stellt auf der Kegelbahn alle neune zurecht oder hilft als Eisverkäufer aus.

Nebenbei nimmt Jack natürlich auch noch am Schulunterricht teil, langweilt sich aber tödlich. Es geht ihm alles nicht schnell genug. Seine Lieblingsfächer sind Geographie und Geschichte. Im Musikunterricht verweigert er das Singen und behauptet, er sei unmusikalisch. Vor allem aber schreibt er gern Aufsätze.
Jacks Begabung wird von den Lehrern erkannt. Zur Jahresabschlußfeier beauftragt man ihn, die Schülerrede zu halten. Eine große Ehre – doch Jack muß absagen, da er keinen passenden Anzug besitzt.
Am liebsten würde Jack seine Ausbildung selbst in die Hand nehmen. Ein Foto zeigt den zehnjährigen Zeitungsjungen am Tisch in einer Hafenkneipe beim intensiven Studium von *Websters Dictionary*. Seine Mutter hat ihm immer wieder gepredigt, daß Bildung der einzige Weg sei, der aus dem Elend herausführt. Systematisch beginnt Jack damit, seinen Wortschatz zu erweitern. Schon damals hat er einen bemerkenswerten Hang zum Selbststudium. In der Volksbücherei von Oakland entdeckt Jack schließlich ein Eldorado, ein wahres Schlaraffenland für seinen Lesehunger:

»Ich hatte den Weg zur Volksbibliothek gefunden und las nun bis zur Nervenzerrüttung ... Hier gab es Tausende von Büchern ... Die Bibliotheken waren damals noch nicht auf Kinder eingerichtet, und ich erlebte seltsame Abenteuer. Ich erinnere mich, wie mich im Katalog der Titel ›Die Abenteuer des Peregrine Pickle‹ reizte. Ich füllte einen Bücherzettel aus, und der Bibliothekar händigte mir die gesammelten, unverkürzten Werke von Smollett in einem Bande aus. Ich las alles, hauptsächlich jedoch Geschichte und Abenteuer, und alle die alten Reisenden und Entdecker. Ich las morgens, nachmittags und nachts. Ich las im Bett, ich las bei Tisch, ich las auf dem Schulwege, und ich las in den Pausen, wenn die anderen spielten. Ich fing an, reizbar zu werden. Jedem sagte ich: ›Geh weg! Du machst mich nervös.‹«

Eine »Göttin« erscheint. Miss Ina Coolbrith, die Bibliothekarin, wird auf den bücherverschlingenden Straßenjungen in der zerschlissenen Kleidung aufmerksam. Kein Wunder, denn Jack ist einer ihrer besten Kunden. Miss Coolbrith nimmt sich seiner an, weist ihm den Weg durch das Labyrinth der Kataloge und bringt behutsam ein wenig System in die wilde Schmökerei. Verständnisvoll beantwortet sie Jacks Fragen, und wenn sie selbst einmal nicht mehr weiter weiß, findet sie schnell Bücher, die Antwort geben. Die Volksbibliothek wird Jacks zweite Heimat, Ina Coolbrith eine mütterliche Freundin, die »Göttin seiner Kindheit«.

Zum Lesehunger gesellt sich der Wissensdurst. Neben Abenteuerromanen und Reiseerzählungen liest Jack zunehmend historische und geographische Abhandlungen, um noch tiefer in die fremden Welten eindringen zu können. Und mit der Zeit wachsen auch die literarischen Ansprüche: Werke von Flaubert, Melville, Tolstoi und Dostojevskij finden sich auf seiner Ausleihkarte.

In der Oaklander Volksbücherei bekommt Jacks Selbststudium Fundament, Methode und Ziel. Jack lernt das Lernen und stellt fest, daß er aus eigener Motivation heraus wesentlich leichter und schneller vorankommt als auf der Schulbank. Jack wird Autodidakt, sein eigener Lehrmeister. Er weiß, daß er es auch aus eigener Kraft schaffen kann. Eine wichtige Erfahrung, denn bald schon kann er sich den Luxus eines regelmäßigen Schulbesuchs nicht mehr leisten. Sein Vater ist krank und arbeitslos, die Familie braucht einen Ernährer: Jack wird in die Fabrik gesteckt. Ein knurrender Magen ist dringlicher als ein hungriger Kopf. Daß Jack das einsieht, wird von ihm erwartet. Dankbarkeit, selbstverständliche Sohnespflicht. Die Kindheit hat ein Ende.

Der Dreizehnjährige findet sich als Arbeiter in einer Konservenfabrik wieder und erhält einen Stundenlohn von zehn Cent. Auf dem freien Arbeitsmarkt jener Jahre sind Kinder nun mal die billigste Ware für den Unternehmer, »günstiger« als irische Einwanderer, »profitabler« als Frauen, Neger und Chinesen. Noch um 1900 arbeiten in den Vereinigten Staaten mehr als zwei

Millionen Kinder für einen Hungerlohn in der Industrie. Jack steht jetzt, manchmal bis zu achtzehn Stunden hintereinander, in der stickigen Luft der Fabrikhalle an einer monoton lärmenden Maschine. Oft muß er bis in die Nacht hinein arbeiten, träumt seinen kurzen Schlaf im Maschinenrhythmus weiter und wird bereits um halb sechs am nächsten Morgen von seiner Mutter aus dem Bett geworfen.

»Ich stand auf und war um sechs Uhr an der Arbeit. Mein Lohn war gering, aber ich arbeitete so lang, daß ich manchmal sogar fünfzig Dollar im Monat verdiente. Pflicht – ich gab jeden Cent ab. Pflicht – ich arbeitete in diesem Höllenloch sechsunddreißig Stunden hintereinander an einer Maschine. Und ich war doch nur ein Kind. Ich erinnere mich, wie ich mich bemühte, das Geld zu sparen, um ein Segelboot zu kaufen – acht Dollar, den ganzen Sommer sparte ich und kratzte die Cents zusammen. Im Herbst hatte ich fünf Dollar beisammen, weil ich absolut ohne irgend etwas ausgekommen war, das mir Vergnügen gemacht hätte. Meine Mutter aber kam an die Maschine, an der ich arbeitete, und verlangte auch dieses Geld von mir. In jener Nacht hätte ich mich umbringen mögen. Nach einem Jahr der Hölle diesen Jammer zu erleben, dieser geringfügigen Freude beraubt zu werden.«

Jack fühlt sich als Arbeitssklave, ausgebeutet, verraten und verkauft. Im Hinterkopf hat er noch die Vorstellung seiner Mutter, daß er ja eigentlich etwas »Besseres« sei. Aber hier ist er ohnmächtig, muß die Erniedrigung als Schicksal erdulden. Diese Zeit wird er nie vergessen. Sechzehn Jahre später verarbeitet er seine Erinnerungen in der Geschichte über einen elfjährigen Kinderarbeiter:

»Es gab keine Freude in seinem Leben. Er sah niemals den Ablauf der Tage. In der Nacht schlief er mit unbewußten Zuckungen. Den Rest der Zeit arbeitete er. Sein Bewußtsein war zu einem

Maschinenbewußtsein geworden. Sein Verstand blieb ungenutzt. Er hatte keine Ideale, aber Illusionen ... Er war ein Arbeitstier. Er hatte nicht die geringsten geistigen Regungen.
Früh war er zum Mann geworden ...«

Das Schlimmste aber ist, daß Jack sich nicht nur von den Fabrikherren, sondern auch von seiner Familie ausgebeutet fühlt. Zu Hause hat er nur noch eine Schlafstelle. Seinen Vater, der inzwischen wieder eine Anstellung als Nachtwächter gefunden hat, bekommt er kaum noch zu Gesicht. Und seine Mutter behandelt ihn kühl und geschäftsmäßig. Sie scheint ihn nur noch zur Kenntnis zu nehmen, wenn sie seinen Wochenlohn abkassiert. Um so zärtlicher verhätschelt sie ihr Enkelkind, den kleinen Johnny. Wenn Jack von der Arbeit nach Hause kommt, findet er kaum noch Beachtung. Kein freundliches Wort, keinen Dank. Er ist lediglich ein Sohn, der seine Pflicht erfüllt. Mehr nicht. Jack könnte heulen vor Wut. Heulen wie ein kleines Kind. Aber gerade das darf er jetzt nicht mehr. Alle wollen in ihm einen Erwachsenen sehen. Das erspart ihnen das Nachdenken. Jack verhärtet sich, kapselt sich ab. Es bleibt ihm nichts anderes übrig. Mit der Zeit wird er ruhiger und gewinnt Abstand zu seiner Familie. Eine angenehme Kälte ergreift sein Herz. Die Mutter ist jetzt keine übergroße mythische Gestalt mehr, sondern klein, verhärmt und häßlich. Jack beginnt zu rebellieren. Zum ersten Mal fragt er nach seinen eigenen Interessen, nach dem Sinn seines Lebens.

»Die Beziehung zu seiner Mutter hatte sich verändert, und ein unbestimmtes Gefühl von Unabhängigkeit und die Tatsache, daß er Geld verdiente, verwischten die Beziehungen zwischen den beiden ... Damals arbeitete er sechs Monate lang in der Nachtschicht, und kein Kind bleibt bei einer solchen Arbeit ein Kind.«

Seemann Jack

»Es gibt Leute, die sehen gerne einem Mann zu, der von einem hohen Turm ins Wasser springt. Und es gibt andere, die möchten lieber dieser Mann sein, auch wenn er seinen Hals riskiert. Zu denen gehöre ich. Ich bilde mir nichts darauf ein. Ich bin einfach so gebaut. Es ist meine Natur.«

Mit fünfzehn Jahren steigt Jack aus der Verantwortung für seine Familie aus. Er mag nicht länger dankbar sein und seine Pflicht erfüllen. Er kündigt in der Konservenfabrik und taucht im Hafenviertel unter.

Mutter Flora kann sich, selbst viele Jahre später noch, die plötzliche Wandlung ihres Sohnes nicht erklären. Einem Zeitungsreporter erzählt sie:

»Er war ein recht guter Junge (...), aber er kam in schlechte Gesellschaft. Er hat schreckliche Kämpfe mit den Jungen aus der Nachbarschaft ausgetragen. Immer wieder ging er zum Hafen und wurde zu Hause schrecklich rechthaberisch. Manchmal konnten wir es mit ihm gar nicht mehr aushalten.«

In den Kneipen und Spelunken des Hafenviertels sieht der Fünfzehnjährige ein Tor zur Freiheit, zum Abenteuer. Bereits als Zeitungsjunge hat Jack hier erste Bekanntschaft mit Matrosen, Abenteurern, Schmugglern und Hehlern gemacht. Jetzt ist er entschlossen, seine Kindheit zu vergessen, die Jugend zu überspringen und ab sofort erwachsen zu sein. Von jetzt an will er sein Leben in die eigene Hand nehmen.

Um in Johnny Heinolds Spelunke *Die erste und letzte Chance* dazugehören und mitreden zu können, beginnt Jack, Alkohol zu trinken. Das fällt ihm zunächst gar nicht leicht, er muß sich regelrecht zwingen, seinen Ekel überwinden. Eigentlich würde er nach wie vor lieber seine süßen Pfefferminzbonbons lutschen. Doch mit der Zeit gewöhnt er sich ans Bier- und Schnapstrinken. Schließlich will er ja, verdammt noch mal, ein Mann sein. In seinem autobiographischen Roman König Alkohol schreibt er über den Grund seiner Trinkerei:

»Keine menschliche Wohnung öffnete mir ihre Türen und erlaubte mir, von ihren Tischen zu essen. Ihre Türen blieben mir stets verschlossen. Aber die Türen der Kneipen standen immer offen. Sie sind die Klubs der Armen ...
Die tausend Straßen von Romantik und Abenteuer laufen in der Kneipe zusammen und führen von dort über die ganze Erde. Als Seemann, als Goldgräber, als Wanderer in fernen Ländern, überall, wo Männer zusammenkamen, trafen sie sich beim Alkohol. Es war eine soziale Pflicht und ein Ritus der Männlichkeit, Getränke für andere Männer zu bezahlen und von anderen Männern anzunehmen ...«

An der Theke verbrüdert sich Jack mit den Rauschträumern und Worthelden, den Seeleuten und Hafenarbeitern. Vor allem die Erzählungen der Austernpiraten reizen seine Phantasie. Bei Johnny Heinold feiern sie ihre reichen Beutezüge in der Bay von San Francisco, das heimliche Abernten der Austernbänke und die lukrativen Gewinne auf dem Fischmarkt von Oakland. Bis zu 200 Dollar kann man da in einer einzigen Nacht machen. Sicher, da wird manchmal auch von gefährlichen Schießereien mit der Fischereistreife erzählt, aber im Grunde klingt das alles eher wie ein lustiges Räuber- und Gendarmspiel, wie ein abenteuerlicher Freibeuterroman.
Jack ist erstaunlich schnell bereit, sich in der Piratenbranche als selbständiger Unternehmer zu etablieren. Mit dreihundert Dollar, die ihm Mammy Jennie, seine schwarze Amme, geliehen hat, steigt er groß ein. Vom Franzosen-Frank übernimmt er ein

Segelboot, die berühmte *Razzle Dazzle,* und – mehr oder minder unfreiwillig – auch dessen Geliebte, die sechzehnjährige Mamie, die sich im Hafenviertel den Ehrentitel »Königin der Austernräuber« erworben hat. Mamie hat Gefallen an dem hübschen und kräftigen Jungunternehmer gefunden und bleibt der Einfachheit halber gleich mit an Bord.

»Und die Königin begann mir schöne Augen zu machen, mir, dem jüngsten Rekruten der Austernräuberflotte, der kein Untergeordneter, sondern Besitzer und Herr eines Schiffes war. Sie ging an Deck, um Luft zu schöpfen, und nahm mich mit. Sie wußte natürlich, was ich mir nicht träumen ließ, daß der Franzosen-Frank unten raste...

Ich überlasse es jedem sich vorzustellen, wie meine fünfzehnjährige Männlichkeit vor Stolz schwoll, als ich erfuhr, daß Franzosen-Frank, der fünfzigjährige Abenteurer, der alle Meere der ganzen Welt befahren hatte, eifersüchtig auf mich war – und das wegen eines Mädchens, das den romantischsten aller Namen trug: Königin der Austernräuber.«

Auch Räuberadel verpflichtet. Jack gibt sich redliche Mühe, seiner Mamie zu gefallen und es mit den gestandenen Ganoven trinkend, prügelnd und raufend aufzunehmen. Nach kurzer Zeit schon hat er sein Adelsprädikat. Als er im Zweikampf den eifersüchtigen Franzosen-Frank in die Schranken weist, ernennt man ihn zum »Fürsten der Austernbänke«.

»Mein Ansehen wuchs. Als die Geschichte im Hafen herumkam, wie Franzosen-Frank versucht hatte, mich mit seinem Schoner zu überrennen, und ich an Bord der *Razzle Dazzle* mit einer gespannten doppelläufigen Schrotflinte gestanden, sie mit den Füßen gesteuert und ihn so gezwungen hatte, das Ruder umzulegen und sich aus dem Staube zu machen, entschied der ganze Hafen, daß ich trotz meiner Jugend Haare auf den Zähnen hätte.«

Moralische Skrupel schiebt unser jugendlicher Ganove beiseite. Denn die Verhältnisse, sie sind nicht so. Jack steht zu seiner kriminellen Karriere – er hat eine Mackie-Messer-Moral. Statt sich für zehn Cent Stundenlohn gesetzestreu in der Fabrik ausbeuten und krank machen zu lassen, will er lieber für ein Vielfaches das Gesetz brechen und die Austernbänke der großen Fischfabriken ausrauben.

Eine Zeitlang genießt Jack das Frischluftleben auf dem Wasser. Schon als Kind hat er rudern und segeln gelernt und seine glücklichste Zeit mit dem Vater beim Fischen in der Bay verbracht. Jetzt endlich haben sich seine Träume vom eigenen Segelboot erfüllt. In zahlreichen Kurzgeschichten und in den Büchern Joe unter Piraten und Fischpiraten hat Jack später seine Segelabenteuer, Raubzüge, Raufereien und Alkoholorgien mehr oder minder realistisch nachgezeichnet. Ob er allerdings wirklich der erfolgreichste Tunichtgut, der wildeste Schläger und der freigebigste Zecher am Kai von Oakland war, läßt sich nicht überprüfen.

Fest steht, daß er in dieser Zeit gute Beute macht, regelmäßig Runden in Johnny Heinolds Hafenkneipe schmeißt und eine Menge trinkfester Freunde hat. Seine Familie empfängt reichliche Finanzspritzen – auch als Pirat bleibt Jack der Haupternährer. Und Mammy Jennie erhält sehr rasch die geliehenen dreihundert Dollar zurück.

Fest steht jedoch auch, daß Jack sich als Pirat einen Namen gemacht hat, unvorsichtig und allzu rasch, denn der Ruhm des Räubers ist seine Schlinge. Eines Tages muß Jack erkennen, daß es so nicht weitergehen kann, daß ein weiterer Aufstieg in dieser Branche direkt unter den Galgen führt.

Auch das Räuberhandwerk ist krisenanfällig. Je schlechter die allgemeine Wirtschaftslage, desto größer die Konkurrenz. Die Austernpiraten beginnen, sich in Banden zu organisieren und um die Reviere zu kämpfen. Immer häufiger wird von Messerstechereien mit chinesischen Lachs- und Garnelenräubern berichtet,

und auch untereinander beschießen sich die Austernpiraten schon mal mit Revolvern und Schrotflinten. Ab und an liegt ein toter Mann am Strand. Als Jacks Boot eines Tages in eine Polizeistreife gerät, stellt man den »Fürsten der Austernbänke« vor die Wahl: Gefängnis oder Polizeidienst. Jack entscheidet sich für den Sheriffstern und wird Patrouillenführer einer Fischereistreife. Mit Erfolgsbeteiligung: fünfzig Prozent der eingezogenen Strafgelder. Doch bald schon hat der junge Gesetzeshüter genug von seinem Job: jetzt hat er zwar legales Geld, aber dafür auch die gefährlichsten Killer auf den Fersen. Die Bay von San Francisco wimmelt von Todfeinden, die ihm allzu gern mal im Dunkeln begegnen möchten.
Einer seiner schlimmsten Feinde aber ist »König Alkohol«. Als Jack eines Nachts im Vollrausch über ein Tau stolpert und über Bord fällt, ist er sogar bereit, seinem Leben ein Ende zu machen. Überzeugt, alles, was das Leben zu bieten hat, erreicht zu haben, läßt er sich in seinem Glücksgefühl mit der Ebbe dem Tod entgegentreiben. Wie in einem schwarzen Traum sieht er die Lichter am Strand der Carquinez-Straße vorübergleiten, bis er schließlich in Bewußtlosigkeit versinkt. Zum Glück wird er im Morgengrauen von griechischen Fischern entdeckt und halberfroren aus dem Wasser gezogen. Nachträglich packt ihn eine panische Angst. Jack beschließt, sein Leben und seine Trinkgewohnheiten radikal zu ändern.

»Ich überdachte mein Leben und kam zu der Erkenntnis, daß ich einen schlechten Lebensweg eingeschlagen hatte. Er führte schneller zum Tode, als meiner Jugend und meiner Lebenslust angemessen war.«

Jack ist gerade siebzehn Jahre alt, als er sein neues Leben beginnt. Inzwischen ist der Boden unter seinen Füßen so heiß geworden, daß er möglichst schnell und möglichst weit weg will. Er sieht nur noch einen Ausweg aus dem gefährlichen Räuber- und Gendarmspiel: eine Flucht ans andere Ende des Ozeans. Jack wird Seemann.

Da er sich auf See nicht als Schiffsjunge ausnützen und schikanieren lassen will, stapelt Jack hoch und heuert gleich als Vollmatrose auf dem Dreimastschoner *Sophia Sutherland* an. Der Jüngste, Schwächste und Unerfahrenste an Bord steht neunzehn mißtrauischen skandinavischen Seebären gegenüber. Erneut muß er sich durchsetzen und Respekt verschaffen. Die Wikingergestalten machen es ihm nicht leicht und versuchen ihn auf Schritt und Tritt zu provozieren. Sie hänseln ihn, weil er in seiner Freizeit stundenlang in der Koje liegt, Pfefferminzbonbons lutscht und Romane von Melville, Kipling oder Zola liest. Solch einen Sonderling hatten sie noch nie an Bord.

Eines Tages gelingt es einem schwedischen Matrosen, dem »Roten John«, den Neuen in einen Streit zu verwickeln. Es kommt zu einer blutigen Schlägerei, in der es für Jack zunächst gar nicht gut aussieht. Doch er hält den wütenden Angriffen seines Gegners stand. Was ihm der Schwede an Kraft voraus hat, macht er durch Geschmeidigkeit, Piraten- und Polizeitricks wett. Schließlich gelingt es Jack, den roten John so fest zu umklammern, daß der ihn nicht mehr abschütteln kann und aufgeben muß. Von da an wird er von der Mannschaft akzeptiert und findet Freunde.

Ein paar Tage später muß sich Jack auch als Seemann bewähren. Obwohl er nur mit kleinen Schaluppen in der San Francisco Bay Erfahrung hat, übernimmt er das Steuer des Dreimasters und gibt es selbst im Sturm nicht aus der Hand. Er will wissen, ob er das kann, und fordert die Elemente heraus.

»In meinem Griff der wild dahinrasende Schoner und das Leben von zweiundzwanzig Mann«, schreibt er später in Erinnerung an den Glücksrausch, der ihn damals ergriff.

»Mit meinen eigenen Händen meisterte ich das Ruder und lenkte hundert Tonnen Holz und Eisen durch ein paar Millionen Tonnen Wind und Wellen ... Wenn ich so etwas geschafft habe, fühle ich mich gehoben. Ich glühe am ganzen Körper. Ich spüre einen Stolz in mir, der mir gehört, mir ganz allein.«

Doch bald muß Jack erfahren, daß er nicht an Bord ist, um heldenhaft-männliche Abenteuer zu bestehen, sondern daß er für Handlangerdienste in einem brutalen Geschäft bezahlt wird. Die *Sophia Sutherland* gehört zu einer amerikanischen Robbenfängerflotte. Ihr Ziel ist die eisige See der Bering-Straße, ihre Aufgabe, die Seehundherden an der sibirischen Küste aufzustöbern.

»Nordwärts liefen wir ... und nordwärts ging die Jagd hundert Tage lang durch eisiges Winterwetter und mächtige Nebel, die uns zuweilen eine Woche lang die Sonne verbargen. Es war eine wilde, schwere Arbeit ...«

Hundert Tage dauert das bestialische Gemetzel der Robbenjäger im blutrot gefärbten Schnee. Auch an Deck ist alles voller Blut und Fett. Sobald die Häute der Seehunde abgezogen sind, werden die Kadaver den Haien zum Fraß ins Meer geworfen, die wertvollen Felle eingesalzen. Im SEEWOLF hat Jack London die Erfahrungen seines Matrosenlebens literarisch gestaltet. Über die Robbenjagd heißt es dort: »Es war ein schonungsloses Abschlachten und alles nur für die Frauen.«
Nach hundert Tagen segelt die *Sophia Sutherland* mit reicher Beute beladen südwärts. Kurs Yokohama. Dort wird gelöhnt.

»Ich brannte darauf, Japan zu sehen. Wir lagen zwei Wochen im Hafen von Yokohama, aber alles, was wir von Japan zu sehen bekamen, waren die Kneipen des Hafens.«

Nach Monaten der Enthaltsamkeit auf hoher See erliegt Jack in den Hafenkneipen erneut der Trinkerei, vergißt seine Vorsätze und kommt erst auf der Heimreise wieder zur Besinnung.
Nach einem Dreivierteljahr läuft die *Sophia Sutherland* wieder

den Hafen von San Francisco an. Jack heuert ab. Hier hat er ausgelernt. Er hat den Kampf gegen Wetter, Wind und Wellen bestanden, neue Kameraden gefunden, getrunken, geprügelt und randaliert.
Aber er ist auch Zeuge eines blutigen Gemetzels geworden, hat die Seefahrt als Geschäftemacherei im Dienste der Pelzhändler und der Gefallsucht reicher Frauen kennengelernt. Nur manchmal hat er auf seiner Reise die abenteuerliche Welt der Seefahrergeschichten und Entdeckerromane vorgefunden und konnte selbst den Helden spielen: Jack Seemann. Doch dieses Buch hat er jetzt ausgelesen. Er greift sich ein neues:

»Meine Begeisterung für das Hafenviertel von Oakland war ganz verschwunden. Sein Leben und Treiben stießen mich ab. Ich kehrte zur Oaklander Volksbibliothek zurück.«

No future

»Die Welt erschien mir als das Gute schlechthin ... diesen Optimismus hatte ich, weil ich keine Schmerzen und Schwächen kannte und niemals von einem Arbeitgeber abgewiesen wurde, weil ich etwa nicht kräftig genug aussah. Es gelang mir immer, einen Job als Kohlenschaufler, Seemann oder Fabrikarbeiter zu bekommen ... Ich war sehr jung und unreif, wußte von nichts (...) und sang das Triumphlied vom Recht des Stärkeren mit aller Begeisterung.«

Trotz der gigantischen Trinkgelage, mit denen Jack seinen Abschied vom Matrosenleben feiert, bringt er noch einen guten Teil seiner Heuer mit nach Hause. Eigentlich wollte er davon einen Winter lang leben, aber das Geld ist schneller weg als gedacht. Jack muß sich eine Arbeit suchen, doch das ist gar nicht so leicht. 1893 ist das Jahr einer schweren Wirtschaftskrise in den Vereinigten Staaten. Drei Millionen Arbeitslose werden gezählt. Die Ware Arbeitskraft ist billig wie nie zu haben, die Arbeitslosen treten sich gegenseitig auf die Füße, und wer einen Job bekommt, kann von Glück reden. Endlich findet Jack eine Stelle in einer Jutemühle, doch die Bedingungen sind erbärmlich. Dank der Arbeitslosigkeit können die Unternehmer die Löhne beliebig nach unten drücken. Obgleich er inzwischen kräftiger und leistungsfähiger geworden ist, erhält der Siebzehnjährige nur zehn Cent Stundenlohn, genausoviel wie vor vier Jahren in der Konservenfabrik. Als Kind freilich bekäme Jack jetzt noch weniger. Kinder werden mittlerweile für drei Cent die Stunde gehandelt und müssen dafür auch noch dankbar sein. Denn hinter jedem Kinderarbeiter stehen drei andere, die es auch für zwei Cent tun würden.

Tag für Tag trottet Jack brav in die Fabrik, arbeitet zehn Stunden lang, um essen und sich kleiden zu können, und ißt doch nur, um weiter arbeiten zu können. Eine Zukunft sieht er nirgends, nicht einmal einen ordentlichen Rausch kann er sich jetzt noch leisten. Alles ist teurer geworden, auch das Bier.

In dieser Trostlosigkeit zeigt sich plötzlich ein Hoffnungsschimmer. Eines Abends hält ihm seine Mutter die Zeitung vor die Nase und weist auf einen großumrandeten Artikel. Ob das denn nichts für ihn wäre, er habe in der Schule doch immer so schöne Aufsätze geschrieben?

Jack setzt sich an den Küchentisch und liest, daß die *San Francisco Call* einen Preis von 25 Dollar für die beste Kurzgeschichte ausgesetzt hat. Jeder Leser darf sich beteiligen. 25 Dollar – in Mutter Floras und Jacks Augen ist das ein kleines Vermögen. Und nur 2000 Wörter werden dafür verlangt. Jack London setzt sich noch in derselben Nacht hinter die Schreibmaschine und schreibt, bis ihm die Augen zufallen. Am nächsten Abend tippt er weiter, am dritten erreicht er die vorgeschriebene Anzahl von Wörtern. Er überarbeitet und verfeinert und gibt seiner Erzählung den nicht gerade originellen Titel: DIE GESCHICHTE VON EINEM TAIFUN VOR DER JAPANISCHEN KÜSTE. Aber er holt sich damit den Preis.

Der Erfolg verändert schlagartig das Verhältnis zwischen Jack und seiner Mutter. Gemeinsam träumen sie von weiteren schriftstellerischen Erfolgen, von Millionen ebenso gut bezahlten Wörtern, vom triumphalen Wechsel auf die bessere Seite der Schienen. Endlich haben sie wieder eine Hoffnung.

Und Jack packt der Ehrgeiz. Wochenlang hämmert er nach der Fabrikarbeit, Abend für Abend, bis spät in die Nacht hinein weitere Kurzgeschichten und Erzählungen in die Schreibmaschine. Bis zur Erschöpfung. Mutter Flora ist begeistert: ihr Jack ist jetzt wieder »ein guter Junge«, strebsam, fleißig, sparsam und – jedenfalls, was den Alkohol betrifft – enthaltsam. Und ganz bestimmt wird er eines Tages ein erfolgreicher Schriftsteller.

Doch der große Karrieretraum ist schnell wieder ausgeträumt. Obwohl er ein Vermögen für Briefmarken ausgibt – Jack erntet

lediglich Absagen. Keine Zeitung will seine Geschichten drucken. Jack stellt die Schriftstellerei allmählich wieder ein.
Wenig später ereignet sich in Jacks Leben das, was man gemeinhin eine »erste Liebe« nennt. Trotz gewisser seemännischer Erfahrungen mit Frauen im Hafenviertel und trotz seiner wohl mehr kameradschaftlichen Verbindung mit der »Königin der Austernräuber« – mit Haydee, einer fünfzehnjährigen Schülerin, ist alles ganz neu und anders: eine »Liebe auf den ersten Blick«, die sein Herz klopfen läßt und ihn scheu und verlegen macht. Hin- und hergerissen zwischen Gefühlen der Anbetung und der Vertrautheit, zwischen Distanz und Nähe, Ehrfurcht und Zärtlichkeit zeigt Jack – wie alle, denen es jemals ähnlich erging – in Gegenwart der Geliebten die typischen Ausfallserscheinungen:

»Niemals hatte ein Mädchen einen unschuldigeren Liebhaber, als ich es trotz meiner frühreifen Gottlosigkeit und Wildheit war. Ich, dem man als Fürsten der Austernräuber gehuldigt hatte, der in der weiten Welt als Mann unter Männern gelebt, der jedes Boot zu segeln verstand, bei Sturm und Finsternis auf hohem Mast gesessen hatte und mit dem Abschaum des Hafenviertels in den Kneipen lärmte – ich wußte nicht, was ich diesem zarten kleinen Mädchen sagen sollte, dessen kurzer Rock noch nicht bis zum Stiefelrand reichte und das gerade sowenig vom Leben wußte, wie ich abgrundtief erfahren war oder mich doch glaubte. Ich entsinne mich, wie wir einmal auf einer Bank im Sternenlicht saßen. Es war fußbreit Raum zwischen uns. Wir blickten uns verstohlen an, unsere Ellbogen lagen dicht nebeneinander auf der Banklehne; und ein- oder zweimal berührten sich unsere Ellbogen. Und während ich die ganze Zeit wahnsinnig glücklich war und in den vornehmsten und ausgesuchtesten Wendungen sprach, um ihre empfindlichen Ohren nicht zu beleidigen, zerbrach ich mir den Kopf, was sie jetzt von mir erwartete. Was erwartet ein Mädchen von einem Burschen, wenn sie beide auf einer Bank sitzen, um zu ergründen, was Liebe ist? Erwartete sie, daß ich sie küssen würde?

Erwartete sie, daß ich es versuchen sollte? Und wenn sie es erwartete und wenn ich es tat, was würde sie von mir denken? Oh, es war klüger als ich – jetzt weiß ich es –, das unschuldige Mädchen in dem kurzen Röckchen. Sie ermutigte mich nach Mädchenart. Sie hielt ihre Handschuhe in der einen Hand, und ich weiß noch, wie sie mir scherzend mit diesen Handschuhen einen leichten Schlag auf die Lippen gab. Ich wäre fast ohnmächtig vor Entzücken geworden; das war das Wunderbarste, was ich je erlebt hatte. Und ich erinnere mich noch des schwachen Duftes dieser Handschuhe, den ich in dem Augenblick, als sie meine Lippen berührten, einatmete. Dann folgte der Kampf zwischen Begreifen und Zweifeln. Sollte ich dies kleine Händchen mit den duftenden Handschuhen, die soeben meine Lippen berührt hatten, in meiner Hand fangen? Sollte ich es wagen, dieses Händchen zu küssen oder meinen Arm um ihren Leib zu legen? Oder sollte ich es wagen, ihr näher zu rücken? Nein, ich wagte es nicht. Ich tat es nicht. Ich saß nur da und liebte sie aus ganzem Herzen. Und als wir uns diesen Abend trennten, hatte ich sie nicht geküßt. Ich weiß noch, wie ich sie das erstemal küßte, als wir uns an einem anderen Abend trennten. Wir brachten es nie weiter und (...) küßten uns vielleicht ein dutzendmal – wie Knaben und Mädchen sich küssen, leicht, unschuldig und voller Verwunderung. Wir gingen auch nie zusammen aus – selbst nicht vormittags. Ein einziges Mal teilten wir für fünf Cent Bonbons. Aber ich war immer tief überzeugt, daß sie mich liebte. Ich wußte, daß ich sie liebte; ein Jahr lang dachte ich an nichts anderes ...«

Als die Jutespinnerei eine lange versprochene Lohnerhöhung nicht einhält, protestiert Jack und fliegt auf die Straße. Wieder muß er sich in die endlose Schlange der Arbeitssuchenden vor den Stellenbüros einreihen. Diesmal freilich will er Ansprüche stellen und nur einen Job mit Karriere- und Zukunftsaussichten annehmen. Vielleicht kann er es sich dann später einmal sogar leisten, seine Haydee zu heiraten.

Als er eines Tages in der Zeitung liest, daß der Elektrotechnik im 20. Jahrhundert die Zukunft gehören wird, ist er sofort überzeugt. Im Kraftwerk der Oaklander Straßenbahn bewirbt er sich um eine Lehrstelle, aber natürlich ist alles längst schon vergeben. Doch der Oberingenieur, bei dem er vorspricht, läßt sich erweichen. Wohlgefällig betrachtet er den muskulösen jungen Mann und hat einen Einfall. Er empfiehlt Jack, mit der Elektrotechnik ganz unten anzufangen, den Traumjob von der Pike auf zu erlernen. Jack ist einverstanden und findet sich am nächsten Morgen mit der Kohlenschippe in der Hand im Heizkeller des Kraftwerks wieder. Wochenlang schaufelt er fortan wie ein Wilder, zwölf bis dreizehn Stunden täglich, und träumt von seiner künftigen Ingenieurskarriere. Er schaufelt über seine Erschöpfung hinweg: erst die Kohlen für die Tagschicht, dann die Kohlen für die Nachtschicht. Bald sind seine Hände so geschwollen, daß er sie sich mit Lederriemen verbinden muß, um weiterarbeiten zu können. Bis ihn eines Tages der Heizer aufklärt, daß er eingeseift wurde, daß er für einen Kinderlohn doppelte Arbeit, die Arbeit von zwei Männern, verrichtet.

»Ich tat für dreißig Dollar monatlich dasselbe, was sie für achtzig geleistet hatten. Er hätte es mir früher erzählt, sagte der Heizer, wäre er nicht ganz sicher gewesen, daß ich unter der Arbeit zusammenbrechen und zugrunde gehen würde. Ich drücke nur den Arbeitslohn, meinte er, und mache zwei Leute arbeitslos.
Da ich ein amerikanischer Junge und zudem ein stolzer amerikanischer Junge war, legte ich die Arbeit nicht gleich nieder ... Ich war entschlossen, so lange zu arbeiten, bis der Oberingenieur sah, daß ich es tun konnte, ohne zusammenzubrechen. Dann wollte ich gehen, und er wußte dann, was für einen tüchtigen Menschen er verloren hatte.
Und so tat ich es denn auch – redlich und töricht. Ich arbeitete, bis die letzte Stunde kam und ich um sechs Uhr die letzte Nachtkohle geschaufelt hatte. Dann gab ich es auf, Elektrotechniker zu

werden, ging nach Hause und legte mich hin, um bis zum Ende des Tages zu schlafen. Glücklicherweise war ich nicht so lange bei dieser Arbeit geblieben, daß ich einen Schaden davongetragen hätte – obwohl ich noch ein ganzes Jahr einen Verband um meine Handgelenke tragen mußte. Aber die Folge dieser Arbeitsorgie war, daß mir die Arbeit zum Ekel wurde. Ich wollte nicht mehr arbeiten. Der Gedanke an Arbeit wirkte abschreckend. Es war mir einerlei, ob ich es je zu etwas brachte. Die Fachausbildung konnte zum Kuckuck gehen ... So stürzte ich mich denn wieder kopfüber ins Abenteurerleben und wanderte ostwärts auf dem Schienenstrange.«

Abenteurer des Schienenstranges

»Während meiner Wanderungen durch die Vereinigten Staaten ging mir bald eine neue Erkenntnis auf. Als Vagabund befand ich mich hinter den Kulissen der Gesellschaft – ja ganz unten im Maschinenkeller. Ich sah, wie die Schwungräder der sozialen Maschine sich drehten und erkannte, daß es sich mit der Würde körperlicher Arbeit doch etwas anders verhielt, als Lehrer, Geistliche und Politiker mir erzählt hatten (...) Wenn ein Arbeiter alt wurde oder zu Schaden kam, so flog er auf den Müllhaufen, wie eine ausgediente Maschine.«

Die Zahl der Arbeitslosen wächst weiter. Millionen Menschen hungern, Hunderttausende sind obdachlos. Es kommt zu Krawallen, Streiks und Protestdemonstrationen. Doch die Regierung rührt sich nicht. Im Frühjahr 1894 wird es den Arbeitslosen zu bunt. Von mehreren Bundesstaaten aus organisieren sie einen gewaltigen sternförmigen Protestmarsch nach Washington. Ihr gemeinsames Ziel ist es, dem Kongreß Druck zu machen und ein Soforthilfeprogramm gegen die Arbeitslosigkeit – fünf Millionen Dollar für den Straßenbau – zu erzwingen. Die Arbeiterbewegung in den Vereinigten Staaten ist noch relativ jung, und noch ist es sogar möglich, daß ein waschechter Unternehmer an der Spitze der Demonstranten steht: Jacob Sechler Coxey, ein ebenso wohlhabender wie wohlmeinender Fabrikbesitzer aus Ohio. Auch Jack ist voller Vertrauen in die Regierung. Er glaubt an den Gerechtigkeitssinn und die soziale Verantwortung der Volksvertreter im Capitol und will sich der »Armee des Gemeinwohls« anschließen. »Auf nach Washington!« lautet der Kampfruf, unter dem sich in Oakland die Arbeitslosen versammeln und, militärisch organisiert, auf den Marsch machen. Anführer der kalifornischen Heerschar von rund 2000 Mann ist »General« Charles T. Kelly.

»Es war ein imposanter Anblick. General Kelly saß auf einem schwarzen Schlachtroß, und mit wehenden Fahnen und beim kriegerischen Schall von Trommeln und Pfeifen traten seine zweitausend Landstreicher, eine Kompanie neben der anderen, in zwei Divisionen vor ihm an und marschierten dann sieben Meilen auf der Fahrstraße ...
Als letzter Rekrut befand ich mich im letzten Regiment, in der zweiten Division und im letzten Glied des Nachtrabs.
In Weston schlug das Heer sein Lager neben den Gleisen auf ...
Wir hatten die Absicht, uns des ersten Zuges, der zum Bahnhof hinausfuhr, zu bemächtigen ...«

Obgleich »General« Kelly hin und wieder eine kostenlose Beförderung in Güterzügen erzwingen kann, kommt das Arbeitslosenheer nur langsam voran. Jack bekommt einen Begriff von der Weite des Landes, doch mit jedem neuen Ort, in dem sie Quartier machen, wächst seine Ungeduld. Die Begrüßungsreden der Bürgermeister, die Solidaritätsadressen der sympathisierenden Farmer und die politischen Diskussionen an den Lagerfeuern langweilen ihn, das gemeinsame Singen, die Gottesdienste und die militärische Disziplin sind ihm ausgesprochen lästig. Jack verläßt die fußkranken Marschierer und fährt zusammen mit neun Gleichgesinnten als »Vorhut« auf selbstgezimmerten Booten den Des-Moines-River hinunter zum Mississippi. In dem Erzählband ABENTEURER DES SCHIENENSTRANGES schildert er später die Flußfahrt des »Nevada-Stoßtrupps« wie ein buntes Huckleberry-Finn-Abenteuer.

»Wir hatten ein paar amerikanische Flaggen aufgegabelt, und wenn wir uns einem Städtchen näherten (...), hißten wir die Flagge, sagten, daß wir der Vortrab wären, und erkundigten uns, was sie an Lebensmitteln für die Armee gesammelt hatten. Selbstverständlich repräsentierten wir die Armee, und die Vorräte wurden uns übertragen. Aber wir waren nie kleinlich. Wir

nahmen nie mehr, als wir mitnehmen konnten. Dagegen nahmen wir das Beste von dem, was da war ...
Wahrhaftig, wir zehn hatten damals gute Tage!«

»General« Kellys Armee befindet sich zu dieser Zeit bereits in einem desolaten Zustand. Der Marsch auf Washington findet ohne die Kalifornier statt. Am 1. Mai kommt aus Washington die Nachricht, daß Jacob Sechler Coxey als Rädelsführer verhaftet und wegen Unruhestiftung und »Beleidigung der Regierung« vor Gericht gestellt wurde. »General« Kelly ordnet den Rückzug an. Die Armee, die sich verspätet hat, resigniert und zerfällt. Jack aber macht sich selbständig und setzt seinen Abenteuerurlaub als Landstreicher, Eisenbahnvagabund und Bettler fort.

»Ich wurde zum Tramp, weil ich nicht anders konnte, weil ich das Fahrgeld für Reisen mit der Bahn nicht in der Tasche hatte, weil ich so gebaut war, daß ich nicht mein ganzes Leben auf ›ein und demselben‹ Gleis arbeiten konnte, weil – na, weil es einfach leichter war, es zu tun, als es zu lassen.«

Jack ist aus Abenteuerlust und Erlebnishunger auf der Straße, nicht als Arbeitsloser, sondern als Arbeitsverweigerer, nicht als Ausgestoßener, sondern als Aussteiger. Er will weder soziologische Studien treiben noch die Welt verändern.

»Der größte Reiz des Landstreicherdaseins besteht vielleicht darin, daß es nie langweilig wird. Das Leben eines Tramps ist wechselvoll – ist ein ewig wechselndes Bild –, wo das Unmögliche geschieht und das Unerwartete bei jeder Wegbiegung einem aus dem Hinterhalt entgegenspringt. Der Tramp weiß nie, was im nächsten Augenblick geschieht; folglich lebt er nur dem Augenblick. Er kennt die Sinnlosigkeit zielgerichteten Strebens, aber auch die Lust, sich von den Launen des Schicksals treiben zu lassen.«

Jack genießt es, ohne einen Cent in der Tasche von der Hand in den Mund zu leben. Schnell erlernt er von den Vagabunden, den Hobos, Pennern und Tippelbrüdern, den Obdachlosen und Bettlern die Überlebenskünste der Landstraße. Besonders stolz ist er, daß es ihm gelingt, sich monatelang durchzuschlagen, ohne arbeiten oder kriminell werden zu müssen. Der Ex-Räuber entwickelt so etwas wie eine Bettler-Ehre, die – wie wir bereits wissen – fast schon eine Schriftstellerehre ist: dank seiner Erzähltalente und passender Geschichten kann er sich nahezu überall reichliche Mahlzeiten erfechten.
Auch als »Hobo«, als Eisenbahnvagabund, ist der achtzehnjährige Abenteurer bald ein Profi. Von älteren Tramps läßt sich Jack die Tricks und Techniken des Schwarzfahrens beibringen, auch hier will er einer der Besten sein. Er entert die großen Güterzüge und lernt als blinder Passagier seine Heimat kennen: New York Washington, Chicago, Buffalo ... Er sieht die Niagara-Fälle, die Rocky Mountains und bereist auf den kanadischen Linien auch Ottawa und Vancouver.
Die Vagabunden sehen den Jungen aus San Francisco bald als einen der Ihren an und geben ihm den Spitznamen »Frisco-Boy«. Einen anderen Namen, seine »Monica« als Hobo, hat er selbst auf den Tendern seiner Züge eingeritzt: *Jack Seemann.* So breitet sich sein Landstreicherruhm in alle Himmelsrichtungen aus.
Jack schreibt Tagebuch. Seine späteren Schienenstranggeschichten profitieren davon und lesen sich streckenweise wie ein minutiöses Lehrbuch für Hobos und solche, die es werden wollen. Zum Beispiel, wenn er das »Anspringen« und »Decken« der Überlandzüge beschreibt.

»Nur ein junger, kräftiger Vagabund kann einen Passagierzug decken, und besagter Vagabund darf keine Nerven haben. In der stillen Hoffnung, daß die erste halbe Meile kein Tunnel kommt, stehe ich auf und gehe in luftiger Höhe den Zug ein halbes Dutzend Wagen hinunter. Die Dächer der Passagierwagen sind nicht für nächtliche Spaziergänge eingerichtet. Und wenn jemand glaubt, daß sie es doch sind, so rate ich ihm, es selbst einmal zu versuchen. Ich möchte ihn gern einmal über das Dach eines rumpelnden, schleudernden Wagens spazieren sehen, wo es nichts gibt, an das er sich klammern kann, als die dunkle leere Luft. Und wenn er dann an das gewölbte Dachende kommt, das feucht und glatt vom Tau ist, so muß er schnell machen, daß er auf die nächste Dachwölbung gelangt, die auch feucht und glatt ist.

Glauben Sie mir: wenn man das gemacht hat, so weiß man, ob das Herz in Ordnung ist. (...)

Wenn ein Vagabund ›nach unten gegangen‹ ist und der Zug sich in Bewegung gesetzt hat, gibt es für das Zugpersonal keine Möglichkeit mehr, ihn zu vertreiben, ehe der Zug hält. Der Landstreicher, der, bequem von den vier Rädern und dem ganzen Rahmen umgeben, auf dem Wagengestell liegt, hat das Personal hinter das Licht geführt – oder er glaubt es wenigstens, bis er eines Tages mal auf einer ›schlechten‹ Linie fährt. Eine schlechte Linie ist in der Regel eine Eisenbahn, auf der vor kurzem einer oder mehrere Beamte von Vagabunden totgeschlagen worden sind. Gnade Gott dem Landstreicher, der auf einer solchen Linie unter dem Wagen gefaßt wird – denn gefaßt wird er, und wenn der Zug sechzig Meilen in der Stunde macht. Der Bremser nimmt einen Koppelungsbolzen und eine Signalschnur und geht auf die Plattform vor dem Wagen, unter dem der Vagabund hängt. Dann bindet er den Bolzen an die Schnur und wirft die Leine aus. Der Bolzen schlägt auf die Schwellen zwischen den Schienen, springt zurück gegen den Wagenboden und schlägt dann wieder gegen die Schwellen. Der Bremser läßt die Schnur hin und zurück, bald nach der einen, bald nach der anderen Seite laufen, läßt ein wenig nach, holt wieder ein, so daß seine Waffe Gelegenheit zu jeder Art Stoß und Rückschlag erhält. Jeder Schlag des tanzenden Bolzens kann den Tod bringen, und bei einer Fahrt von sechzig Meilen in der Stunde trommelt er einen reinen Zapfenstreich des Todes. Am nächsten Tag findet man die Überreste des Landstreichers am Bahnkörper, und eine Zeile im Lokalblatt berichtet von dem Unbekannten, zweifellos einem Vagabunden, der vermutlich betrunken und auf dem Gleis eingeschlafen war.«

Bilder, die zu Sinnbildern werden: das Aufspringen auf die fahrenden Züge und der lebensgefährliche Kampf um ein Plätzchen an, unter oder auf dem Waggon.
Geschichten, die zu Gleichnissen werden, in denen sich der Leser mit dem Autor trifft und treffen kann, weil es sich um realistisch erzählte und tatsächlich erlebte Abenteuer handelt.
In den Schienenstranggeschichten schildert Jack das Vagabundenleben noch vorwiegend aus der Perspektive seiner jugendlichen Kraft und Abenteuerlust. Sicher erscheint dadurch manches farbiger, spannender und romantischer als es in Wirklichkeit war. Und dennoch enthalten Jack Londons Erzählungen eine Nachdenklichkeit, die unter die Haut geht, beschreibt er die Landstraße genaucr und wirklichkeitsgetreuer als je ein amerikanischer Autor vor ihm.
Der blinde Passagier bleibt nicht blind. Er will aus Erfahrungen lernen. Das Leben mit den Fahrenden verändert Jack und läßt Spuren zurück.
Jack erkennt, daß die meisten der damals rund 60000 Eisenbahnvagabunden keineswegs aus Spaß an der Freud durch die Lande streichen, sondern daß sie auf der Suche nach einer letzten Chance, nach einem Gelegenheitsjob, nach mitleidigen Menschen sind. Viele sind alt, krank und kraftlos, keine Aussteiger, sondern Ausgestoßene: Gescheiterte, Kaputtgearbeitete, Verkrüppelte, Opfer von Arbeitsunfällen, Alkoholiker, seelisch und körperlich Kranke. Und jeder hat sein eigenes, sehr persönliches Schicksal, das ihn auf die Straße trieb.
Wenig später bekommt Jack am eigenen Leibe zu spüren, wie die Gesellschaft mit ihren Ausgestoßenen umspringt, daß für die Kleinen und Kleingemachten sehr eigenartige Gesetze gelten. Bei einem Stadtbummel durch New York bekommt er lediglich wegen

seiner heruntergekommenen Kleidung aus heiterem Himmel den Gummiknüppel eines Polizisten zu spüren und wird aus öffentlichen Parkanlagen wie ein Hund davongejagt. Kurz darauf, anläßlich einer Besichtigungstour zu den Niagarafällen, läuft er – nach einer im Freien verbrachten Nacht – in Buffalo einem belohnungslüsternen Polizisten in die Arme. Jack versteht, daß sich der arme Mann seine Kopfprämie verdienen muß, und macht keine Anstalten, davonzulaufen. Schließlich haben sein Vater und er ja früher selbst als Hilfspolizisten auf diese Weise die Familie ernährt. Und überhaupt ist er sich nicht der geringsten Schuld bewußt. Wie viele andere Touristen hat er ja nur mal kurz nach dem Naturschauspiel der donnernden Wasserfälle geschaut. Er vertraut auf die Freiheiten und Bürgerrechte, für die seine Vorväter einst ihr Leben aufs Spiel gesetzt haben. Doch da muß er sich eines Besseren belehren lassen. Mit sechzehn anderen Vagabunden wie eine Horde von Kettensträflingen zusammengeschlossen, wird Jack vor den Schnellrichter geführt und in der Rekordzeit von fünfzehn Sekunden wegen nichts anderem als Landstreicherei zu einem Monat Gefängnis verurteilt.

»Einen Monat!
Ich war vollkommen verstört. Ich war zu Gefängnis verurteilt nach einer verrückten Farce von Verhör, bei der mir nicht nur mein Recht, von einer Jury abgeurteilt zu werden, versagt worden war, sondern auch das Recht, mich schuldig zu bekennen oder nicht.«

Wenig später findet sich Jack, seiner Kleider und Habseligkeiten enteignet, mit geschorenem Kopf und gestreifter Tracht hinter den Mauern des Erie-County-Zuchthauses wieder. Zuerst kommt ihm alles wie ein schrecklicher Alptraum vor: das vergitterte Fenster, die Kotkübel, die harte Pritsche mit der verfilzten Wolldecke und Heerscharen von Wanzen in den Fugen und Ritzen des Gemäuers. Die Tramps werden mit Schwerverbrechern und Mördern zusammen in die gleichen Zellen gesperrt und dem System der internen Hackordnung unterworfen. Jack hat den absoluten Tiefpunkt seines Lebens erreicht. Er bekommt es mit der Angst zu tun.

»Unsere Halle war eine menschliche Latrine, angefüllt von dem ärgsten Dreck und Bodensatz der Gesellschaft, von Wracks, Irrsinnigen, Epileptikern, Ungeheuern und Schwächlingen, einer Menschheit, die aus einem bösen Traum zu stammen schien. Ja, wir waren Wölfe, das könnt ihr mir glauben – genau wie die Geschäftsleute in Wall-Street.«

Der Knast hat seine eigenen Gesetze. Dreizehn Vertrauensmänner beherrschen als Vorhut des Wachpersonals das Erie-Zuchthaus und erpressen 500 Mitgefangene. Mit brutalen Mafia-Methoden kontrollieren sie die Tabak- und Lebensmittelversorgung, den heimlichen Nachrichtenverkehr und die innere Ordnung im Zuchthaus.
Aber selbst hier erlangt Jack eine bevorzugte Stellung, so daß er vor Demütigungen, Vergewaltigungen und Schlägereien bewahrt bleibt. Dank der Protektion seines Zellengefährten, eines älteren Berufsverbrechers, wird er Vertrauensmann und »darf« selbst Gewalt ausüben.

»Bezüglich der näheren Einzelheiten bei diesen Zurechtweisungen sage ich nichts. Und schließlich gehören sie auch nur zu den weniger schlimmen Schrecken des Erie-County-Zuchthauses, Schrecken, die einfach nicht im Druck wiederzugeben sind, und, ehrlich gestanden, muß ich sagen, daß man sie nicht einmal denken kann ... und ich war doch kein grüner Junge, was den Lauf der Welt und die schrecklichen Abgründe menschlicher Schlechtigkeit betrifft ... Man würde ein tiefes Lot brauchen, um den Grund des Erie-County-Zuchthauses zu erreichen ...«

Irgendwann aber sind die dreißig Höllentage vorbei. Jack wird

entlassen und entert den nächsten Zug, der ihn aus der ungastlichen Stadt fortbringt. Er ekelt sich. Auch vor sich selbst. Vor seiner Schwäche. Diese Wunde behält er sein Leben lang. Bisher konnte er sich immer stark und als Meister seines Schicksals fühlen. Hinter Zuchthausmauern aber war er dem Terror eines totalitären Systems unterworfen. In dreißig Tagen wurde sein Stolz gebrochen, war er anpassungsbereit und knetbar geworden. Angst hatte seine Moral korrumpiert. Als Vertrauensmann und Schläger war er nicht wirklich der Stärkere gewesen, sondern nur das willfährige Opfer einer Zuchthausgesellschaft. Jack ist an eine Grenze gestoßen. Und jetzt erinnert er sich auch wieder der politischen Diskussionen und Parolen an den Lagerfeuern von Kellys Armee. Bislang hatte er davon nicht allzu viel gehalten und gemeint, daß der Sozialismus eine Religion der Schwachen sei, die er selbst nicht nötig habe. Bislang hatte er geglaubt, alles im Leben auch allein schaffen zu können. Im Zuchthaus aber hat er zum erstenmal seine völlige Ohnmacht erlebt.
Auch die Landstreicherkollegen sieht Jack nach der Entlassung mit anderen Augen. Plötzlich hat er die Phantasie, sich vorzustellen, daß die Ausgestoßenen, Alten und Kranken, »entstellt durch Schwerarbeit, Not und Unfälle«, irgendwann einmal genauso gesund, willensstark und optimistisch begonnen hatten wie er selbst. Irgendwann einmal hatten vielleicht auch sie den amerikanischen Karrieretraum geträumt: vom Tellerwäscher zum Präsidenten, vom Kohlenschaufler zum Oberingenieur, vom Zeitungsjungen zum Millionär. Der Gedanke, daß sein Leben einmal in ähnlicher Enttäuschung enden könnte, macht Jack Angst. »Weggejagt wie unbrauchbare Pferde« – diese Worte hämmern in seinem Kopf, wenn er mit den Landstreichern am Rande des Schienenstrangs auf Güterzüge wartet oder an den Haustüren der Wohlhabenden rührende Bettelgeschichten erfinden muß. Und später, in der Bekenntnisschrift WIE ICH SOZIALIST WURDE, erinnert sich Jack wieder sehr plastisch an seine damaligen Ängste.

»Ich sah das Bild des gesellschaftlichen Abgrunds lebhaft vor mir, und ich selbst hing ein wenig über diesen Tramps, die am Boden dieses Abgrunds waren. Ich hielt mich mit aller Kraft an einer glitschigen Wand fest. Angst erfaßte mich. Was würde geschehen, wenn mir die Kraft fehlte?
Ich war ein ganz anderer geworden, auch wenn ich noch nicht wußte, was das andere war. Mit Hilfe der Bücher fand ich dann heraus, daß ich zu den Sozialisten gehörte (...) Ich kehrte nach Kalifornien zurück und fing an, eine Menge Bücher zu lesen, von denen ich auf der Landstraße als Tramp gehört hatte ...«

Die Trampzeit bleibt nur eine achtmonatige Episode in Jacks Leben. Als die Herbsttage kälter werden, erinnert er sich wieder an seine Familie und weiß, wo er im Winter Obdach finden kann. In Vancouver läßt er sich als Matrose auf einem Schiff anheuern und fährt ins sonnige Kalifornien zurück.
Dennoch ist das Landstreicher- und Gefängnisleben eine außerordentlich wichtige Stufe in Jacks geistiger und politischer Entwicklung.

»Meine Erlebnisse waren Bilder ohne Sinn und Zusammenhang. Als ich aber begann, mein Wissen und meinen Wortschatz zu erweitern, da sah ich, daß meine Erlebnisse mehr waren als bloße Bilder.«

Auf seinen Vortragsreisen als politischer Redner greift Jack London später immer wieder auf Bilder und Erfahrungen seiner Trampzeit zurück, um seine Ansichten zu untermauern. Im Heer der Landstreicher und Eisenbahnvagabunden erkennt er eine Arbeitskräftereserve des kapitalistischen Wirtschaftssystems: Erntehelfer und Gelegenheitsarbeiter, die den Farmern und Fabrikbesitzern in guten Zeiten als Lückenbüßer hochwillkommen sind und in schlechten Zeiten problemlos wieder ins Elend »freigesetzt« werden können, die man ebensoleicht heuern wie

feuern kann. Doch die Frauenvereine und Industrieklubs, vor denen Jack viele seiner Vorträge hält, können mit solchen Ansichten wenig anfangen. Die besseren Damen und Herren reagieren mit Erstaunen und Ablehnung, wenn Jack von »gesellschaftlichen Wurzeln der Armut« redet. Sie finden es empörend, daß er sogar die Landstreicherplage und die lästige Bettelei aus den wirtschaftlichen Verhältnissen heraus erklären will. Und am Ende gar noch zu behaupten wagt, daß die Reichen am Elend der Armen irgendwie mitschuldig seien! So etwas können und wollen bessere Damen und Herren natürlich keineswegs auf sich sitzen lassen. Einige beginnen zu zischen, andere hüsteln. Doch Jack läßt sich nicht aus dem Konzept bringen:
»Jawohl, so ist es doch!« ruft er einer Dame nach, die sich gerade erhebt und kopfschüttelnd den Saal verlassen will. »So ist es. Sie haben den Landstreicher doch erst gezüchtet. Er hat sich nicht selbst erfunden!« Unbeirrt fährt Jack in seiner Rede fort:

»Seine Rolle als Sündenbock für unsere wirtschaftlichen Vergehen oder für die allgemeine Fehlplanung innerhalb der menschlichen Gesellschaft sollten wir ihm hoch anrechnen. Laßt uns gerecht sein. So ist es. Die Gesellschaft hat ihn dazu gemacht. Nicht er selbst.«

Ein Doppelleben

»Nur das Gehirn machte sich bezahlt, nicht der Körper, und ich beschloß, nie mehr meine Muskeln auf dem Sklavenmarkt anzubieten. Ich kehrte also nach Kalifornien mit dem festen Entschluß zurück, mein Gehirn zu entwickeln. Das bedeutete: Schule.«

Seit er erfahren mußte, daß die Opfer der Schwerstarbeit wie ausgediente Maschinen auf dem Schrotthaufen landen, will Jack von körperlicher Arbeit nichts mehr wissen. Er verfällt ins andere Extrem und setzt von nun an allein auf geistige Arbeit. Nach der grenzenlosen Freiheit des Schienenstranglebens unterwirft er sich der strengsten Disziplin. Die folgenden zwei Jahre werden zu einem gigantischen Abenteuer des Lernens.

»Ich war im Keller der Gesellschaft gewesen, und er gefiel mir nicht als Wohnung. Die Kanalisation dort war unhygienisch, und die Atemluft war schlecht. Wenn ich schon nicht im Salon der Gesellschaft leben durfte, sollte ich es doch wenigstens in der Mansarde versuchen. Richtig, auch dort war die Kost mager, aber zumindest die Luft war sauber. Deshalb beschloß ich, nicht länger Muskeln anzupreisen, sondern anzufangen, Köpfchen zu verkaufen. Damit begann ein wildes Streben nach Wissen.«

Wie ein Chamäleon wechselt der neunzehnjährige Seemann, Fabrikarbeiter und Tramp außer Diensten seine Farbe, setzt sich ganz brav und bläßlich in die Anfangsklasse der Oaklander High School zwischen vierzehnjährige Jungen und Mädchen und holt die sechs Jahre lang versäumten Lektionen nach.
Um seinen Lebensunterhalt zu bestreiten, arbeitet Jack zugleich als Aushilfspförtner im Gymnasium, putzt Fenster und Schul-

bänke, fegt den Schulhof und mäht den Rasen. Er hat eine Menge kleiner Nebenjobs, aber körperliche Arbeit ist für ihn jetzt nur noch ein Mittel zum Zweck: »Ich arbeitete, um von der Arbeit loszukommen.«

Jack spielt die Rolle des strebsamen Aufsteigers genauso perfekt wie die des Landstreichers. Ein sonderbarer Mensch: was er auch anpackt, er setzt alles auf eine Karte und geht bis an die Grenzen seiner Belastbarkeit.

Mit der gleichen Besessenheit und Arbeitswut wie einst den Kohlebergen im Elektrizitätswerk wendet er sich nun den Büchern zu.

Jacks Bildungshunger ist unersättlich.

Wichtiger als die Schule wird für ihn auch diesmal die Oaklander Volksbibliothek. Jack schafft es, sich Leihkarten für die ganze Familie zu ergattern: seine Mutter, seinen Vater, seine Schwestern und seinen Schwager läßt er als »Karteileichen« registrieren, damit er das Sechsfache ausleihen kann. Die Bücher stapeln sich turmhoch auf dem schmalen Arbeitstisch in seiner Dachkammer.

Jacks Hauptinteresse aber gilt der Politik. Mit Erklärungen und Beschreibungen der Welt allein gibt er sich jetzt nicht mehr zufrieden – er will auch wissen, wie man sie verändern und verbessern kann. Gezielt beschäftigt er sich mit der Entstehung der Arbeiterbewegung, der Rolle der Gewerkschaften und revolutionären Ideen. Seine Ausleihkarten verzeichnen Schriften der Anarchisten und der französischen Frühsozialisten. Besondere Bedeutung gewinnt für ihn das *Kommunistische Manifest* von Marx und Engels, das er sogar käuflich erwirbt, um es bei sich zu tragen, darin unterstreichen und wichtige Passagen abschreiben zu können.

Jack ist nicht der einzige, der sich für sozialistische Ideen interessiert. Die Probleme liegen schließlich auf der Straße: Arbeitslosigkeit, Lohndrückerei, Kinderarbeit, Ausbeutung. Jack hat das alles am eigenen Leibe erfahren. Im Henry-Clay-Debattierklub lernt er bürgerliche Sympathisanten der Arbeiterbewegung kennen: Anwälte, Ärzte, Künstler, Lehrer und Studenten, die sich Gedanken über eine gerechtere Gesellschaft machen. Arbeiter allerdings gibt es in diesem Kreise nicht. Jack ist einer der wenigen, der wirklich von unten, aus dem Keller der Gesellschaft kommt, für den sozialistische Gedanken kein Feierabendvergnügen, sondern Lebensmittel und Hoffnung sind. Seine Diskussionsbeiträge finden Aufmerksamkeit. Er redet hitzig und engagiert, kann kopflastige Theorien mit selbsterlebten Beispielen belegen und kennt die schmutzigsten Schimpfwörter und Zoten. Einige Mitglieder finden den feurigen Jüngling »grauenhaft« und »abstoßend vulgär«, andere aber sind fasziniert von seiner urwüchsigen Intelligenz.

Jack, der zum erstenmal in seinem Leben die Höhenluft einer geistigen und gesellschaftlichen Elite schnuppert, fühlt sich zunächst noch als Außenseiter, als Eindringling. Und als ihn eines Tages einer seiner Klubkameraden, Edward Applegarth, in sein Elternhaus einlädt, erleidet er einen regelrechten Kulturschock. Wie geblendet bestaunt er das Inventar des Hauses: die reichgefüllten Bücherregale der Bibliothek, die kostbaren Gemälde, die weißgedeckten Tische und die Röcke der Damen, die bis auf den Boden reichen.

Eingeschüchtert von der vornehmen Atmosphäre benimmt sich Jack tölpelhaft und ungelenk. Das exotische Ritual einer englischen Teegesellschaft mit Klavierspiel, Schach und gepflegter Konversation fasziniert und entmutigt ihn. Hier werden ihm seine Grenzen deutlich gemacht. Der Schritt über die Schwelle des Hauses Applegarth erweist sich als ein wichtiger Impuls für Jacks weitere Entwicklung. Der Zwanzigjährige verliebt sich Hals über Kopf in die bürgerliche Idylle. Rettungslos verloren aber ist er, als die Tochter des Hauses, Mabel, ein »zerbrechliches, feinsinniges« Wesen, einschwebt und ihm zierlich die Hand reicht. Noch Jahre später, im autobiographischen MARTIN EDEN findet sich, wenn auch mit ironischem Abstand, ein Nachklang seiner ersten Erschütterung:

»Ihr Körper war mehr als ein Gewand ihres Geistes, er war eine Ausstrahlung ihrer Seele, eine reine, anmutige Kristallisierung des Göttlichen in ihrem Wesen. Dies Gefühl des Göttlichen überraschte ihn.«

Auch die »Lilienmaid aus Großbritannien«, wie er Mabel von jetzt an zu nennen pflegt, findet Gefallen an Jack. Zwar erschrekken sie zunächst noch das rohe Wesen des außergewöhnlichen Gastes, seine ungehobelten Manieren und nicht zuletzt sein schwankender Seemannsgang. Andererseits fühlt sich Mabel von seiner Kraft angezogen. Die scheue Unbeholfenheit und der unersättliche Bildungshunger des Arme-Leute-Jungen rühren sie. Einen demütigeren Anbeter kann sie sich gar nicht wünschen.
Im Roman MARTIN EDEN erklärt sich der Titelheld seiner Geliebten mit dem Wunsch, in ihre Sphäre aufzusteigen und ihrer würdig zu werden:

»Ich will versuchen, es dahin zu bringen, daß ich ein Leben führen kann, wie Sie es hier im Hause leben. Es gibt anderes und besseres im Leben als Streit und schwere Arbeit. Aber wie soll ich das erreichen? Wo soll ich anfangen? Ich bin bereit, dafür zu arbeiten ...«

Mabel, drei Jahre älter als Jack und bereits Studentin, fühlt sich geschmeichelt und verliebt sich in die Aufgabe, aus dem ungeschliffenen Klotz einen neuen Menschen zu machen. Sie erteilt ihm Lektionen in englischer Grammatik und Literatur, weckt sein Verständnis für Musik und Gemälde. Vor allem aber verfeinert sie seine Manieren, gewöhnt ihm das Fluchen und den Seemannsgang ab und will einen perfekten Gentleman aus ihm machen. Jack ist hoffnungslos verliebt. Trotz aller klassenkämpferischen Ideen beugt er sich der Dressur der Geliebten. Eine Weile scheint er kein höheres Ziel mehr zu kennen als sich anzupassen, nicht zu stören, auf der anderen Seite der Schienen mithalten zu können.

Jack entdeckt dabei einen privaten Weg, die Klassenschranke zu überwinden: Er will Künstler werden. Nur als Künstler sieht er eine Chance, in das Wohnzimmer der bürgerlichen Gesellschaft aufzusteigen und eines Tages auch von Mabel akzeptiert zu werden.

Also muß Jack Schriftsteller werden. Erneut leiht er sich nachtsüber die Schreibmaschine seines Schwagers und setzt seine Schreibübungen fort. Er schreibt kreuz und quer durch alle Gattungen und Textsorten: versucht sich in feinsinniger Lyrik, abenteuerlichen Kurzgeschichten, gedankenreichen Dialogen, rauhen Seemannsliedern und sozialistischen Essays. Die Schreibmaschine macht einen ohrenbetäubenden Lärm und hat einen Defekt: Sie druckt nur Großbuchstaben. Doch das stört Jack wenig. Er lernt ja noch. Ab und an übernimmt die Schülerzeitung – sehr zum Entsetzen seiner Lehrer – eine seiner wilden Geschichten. Doch noch fehlt ihm der Mut, der Geliebten, die für Dichter wie Browning und Swinburne schwärmt, die eigenen, unbeholfenen Produktionen vorzulegen. Vielleicht später einmal.

Der Liebende lernt doppelt schnell. Das Traumziel Mabel spornt ihn zu immer neuen Leistungen an. Schon manches hat er in kürzester Zeit erreicht, kennt die korrekten Anrede- und Grußformen, benutzt das richtige Besteck bei Tisch, vermeidet unschickliche Ausdrücke und macht alles in allem eine leidlich gute Figur im Haus der Familie Applegarth.

Nur in der Schule geht es ihm viel zu langsam voran. Sein sehnlichster Wunsch ist, mit Mabel zusammen an der Universität studieren zu können. Jack kürzt den Weg ab. Er verläßt die High School und besucht eine »Presse«, um sich das für die Aufnahmeprüfung erforderliche Wissen möglichst rasch einzupauken. Doch da will man ihn bald schon nicht mehr haben, da er so »entsetzlich schnell« lernt. Der Direktor der »Presse« fürchtet einen Skandal, falls Jack tatsächlich das auf zwei Jahre verteilte Pensum in vier Monaten bewältigt, und setzt ihn vor die Tür. Aber Jack ist sicher, daß er es auch im Alleingang schaffen wird:

»Es waren noch drei Monate, bis die Aufnahmeprüfungen der Universitäten begannen. Ohne Laboratorium, ohne Anleitung setzte ich mich in meine Schlafkammer und begann mir in den beiden noch übrigen Monaten den Kopf mit den Kenntnissen zweier Jahre vollzupfropfen ... Neunzehn Stunden täglich arbeitete ich ... und unterbrach die Arbeit nur bei besonderen Gelegenheiten. Ich erschlaffte körperlich und geistig, aber ich blieb dabei. Meine Augen trübten sich, aber ich hielt durch ...
Dann kamen die Examenstage, und nun schloß ich kaum ein Auge, sondern büffelte und repetierte jede Minute. Und als ich meine letzte Arbeit einlieferte, war ich geistig vollkommen zusammengebrochen. Ich wollte kein Buch mehr sehen, ich war nicht mehr fähig, auch nur den geringsten Gedanken zu fassen.«

Im Herbst 1896 besteht Jack die Aufnahmeprüfung der Universität in Berkeley. Die lästige Schulzeit ist überstanden. Jetzt hat er endlich einen direkten Zugang zu den Quellen des Wissens. Vor allem aber ist er Student, und das ist fast schon ein gesellschaftlicher Status jenseits der Klassenschranken, ein geistiges Adelsprädikat, das ihn seiner geliebten Lehrerin näher bringt. Jetzt kann er es wagen, die Kommilitonin auch einmal zu einer Radtour oder einem Segelausflug einzuladen.

»Einmal waren wir in Gefahr, oft und oft lag da ihr Leben in meiner Hand. Ein Ausrutschen, der Bruch irgendeines Holzes, das Reißen eines Taues, und sie wäre fort gewesen. Sollte das geschehen, schwor ich mir, würde ich ihr nachspringen. Ich würde mich von meinem bisherigen Leben lösen, von aller Freude, von der ganzen Zukunft, und ihr folgen! Denn mein Leben, meine Freude und meine Zukunft waren in ihr verkörpert, waren es – damals. Es war eine große Liebe.«

Als Jack eines Tages beobachtet, daß beim Kirschenessen der Saft auch Mabels Lippen verfärbt, ist er überglücklich. Er entdeckt

Spuren von Menschlichkeit an der vergötterten Geliebten und hat das Gefühl, ihr näher gekommen zu sein. Vielleicht kann er es eines Tages sogar wagen, um ihre Hand anzuhalten.
Nach seinem Aufstieg in das Universitätsleben und seiner Bewährung im Salon der Familie Applegarth findet Jack allmählich wieder zu seinen alten politischen Idealen zurück. Die aufstrebende *Sozialistische Arbeiterpartei* wird auf den jungen Redner im »Henry-Clay-Debattierklub« aufmerksam und lädt ihn zu ihren Versammlungen ein. Hier lernt Jack beim Bier deutsche Lehrer und Universitätsprofessoren kennen, die auswandern mußten, weil ihnen im Kaiserreich wegen »sozialdemokratischer Umtriebe« die Berufsausübung verboten wurde.

»Hier fand ich warmen Glauben an die Menschheit, glühenden Idealismus, Selbstlosigkeit, Selbstverleugnung und Bekennertum, all die herrlichen und bewegenden Taten des Geistes. Hier erneuerte sich das Leben wieder und wurde voller Wunder und Größe, und es war eine Lust für mich zu leben.«

Jack ist überzeugt, daß nur der Sozialismus die wachsende Not der Bevölkerung beenden kann, und wird Parteimitglied. Doch er bleibt nicht im Hinterstübchen seiner vorwiegend bürgerlichen Genossen sitzen. Ihn zieht es zu den Arbeiterversammlungen im Stadtpark. Dort will er vor Ort sein Rednertalent erproben. Und bald schon wird die Polizei auf den radikalen Studenten aufmerksam. Als er in einer Rede unter freiem Himmel die amerikanischen Verhältnisse als ein »System organisierter Räuberei« attakkiert, greift berittene Polizei ein. Jack wird »wegen Redens auf einer Seifenkiste« verhaftet und im Polizeiwagen ins Oaklander Gefängnis transportiert. Der Richter läßt den »Umstürzler« in Anbetracht seiner Jugend gegen eine Kaution wieder laufen. In der Zeitung findet er sich anderntags als »sozialistischer Jüngling«, »Rothemd, Bombenschmeißer und Anarchist« beschimpft. Doch das stört Jack wenig. Er weiß, daß er sich Feinde machen

muß. Und die *Socialist Labor Party* nominiert Jack als Spitzenkandidaten für die Bürgermeisterwahl von Oakland. Die Erfolgsaussichten freilich sind gering. Nur wenige Arbeiter stimmen für den jungen Volksaufwiegler.
In dieser Zeit scheint Jack zwei Leben gleichzeitig und manchmal sogar ein Doppelleben zu führen. Auf der einen Seite genießt er seinen Aufstieg in die bürgerlichen Salons und fühlt sich als ein Übermensch, der sich aus eigener Kraft nach oben durchgeboxt hat.
Doch der gleiche Jack, der die Kultur der Reichen bewundert und Mabel als Verkörperung bürgerlicher Tugenden vergöttert, klettert schon am nächsten Morgen wieder vor dem Fabriktor auf eine Seifenkiste, erklärt das Eigentum zum Diebstahl und fordert die Revolution. Im weiteren Verlauf seines Studiums erkennt Jack, in welchem Widerspruch er sich befindet. Aber noch leidet er nicht unter seiner Doppelexistenz. Noch scheint alles offen. Jack setzt auf zwei Karten: Entweder wird er Karriere als erfolgreicher Schriftsteller machen und für Mabel ein bürgerliches Glück erkämpfen, oder er wird als revolutionärer Agitator die amerikanischen Arbeitermassen und sich selbst von Sklaverei und Armut befreien. Vielleicht auch beides.
Jack fühlt sich jung und stark. Sein Leben ist voller Möglichkeiten. Und er ist sicher, daß er den richtigen Weg finden wird.
Das Universitätsstudium dauert nur zwei Semester. Jack hat keine Schwierigkeiten, gute Noten zu bekommen, doch der Universitätsbetrieb enttäuscht ihn. Das leidenschaftslose Trachten nach leidenschaftslosem Wissen seiner Mitstudenten stößt ihn ab. Ihm mißfällt, daß die Professoren nur das Althergebrachte, Konventionelle anerkennen und lehren, für das neu Entstehende aber wenig empfänglich sind.

»Tatsächlich sind sie selbst das Bestehende. Ihre Aufgabe ist es, all die jungen Leute, die an den Universitäten Vorlesungen hören, einzufangen, jeden Funken von Originalität, der sich möglicherweise bei ihnen findet, auszulöschen und ihnen den Stempel des Bestehenden aufzudrücken.«

Jack stellt sich bald auf eigene Füße und entwirft seinen eigenen Lehrplan. Sein Studium soll etwas mit der Wirklichkeit, dem lebendigen Leben und den Fragen der Zeit zu tun haben, mit der Politik und seiner eigenen Person. Es soll die Grundlage seiner angestrebten Laufbahn als Schriftsteller werden. Jack ist auf dem besten Wege, zu sich selbst zu finden. Um so härter trifft ihn die familiäre Katastrophe. John London, inzwischen zum Hausierer herabgesunken, ist schwer erkrankt. Jack muß sein Studium abbrechen, um die Familie zu ernähren. Über Nacht werden all seine Aufstiegspläne zunichte. Erneut sieht er sich zurückgestoßen und muß erfahren, daß er zu denen gehört, die sich ein vierjähriges Studium nicht leisten können. Im Frühjahr 1897 verläßt er Berkeley und tritt eine Stelle als Bügler in der Dampfwäscherei der Militärakademie von Belmont an.

»Ein anderer Bursch und ich verrichteten die ganze Arbeit, vom Sortieren und Waschen bis zum Plätten von Oberhemden, Kragen und Manschetten und der feinen, gestärkten Wäsche der Lehrersfrauen. Wir arbeiteten mit der Leidenschaft der Tiger, namentlich, als der Sommer kam und die Schüler der Akademie weiße Leinenhosen trugen. Es ist ein langwieriges Unternehmen, ein Paar weiße Leinenhosen zu plätten. Und es waren unendlich viele Leinenhosen. Wir schwitzten uns durch lange heiße Wochen hindurch bei endloser Plackerei, und manche Nacht schufteten wir unter der elektrischen Lampe an der Dampfrolle oder an dem Plättbrett, während die Schüler in ihren Betten schnarchten.
Ich war also wieder das alte, gedankenlose Arbeitstier!«

Auch Martin Eden, der Titelheld des gleichnamigen Romans, arbeitet in einer Dampfwäscherei. Jack schildert seinen verzweifelten Versuch, nach sechzehnstündiger Arbeit ein Buch zu lesen:

»Die Buchstaben verschwammen, die Zeilen liefen vor seinen Augen zusammen, und er begann einzunicken. Er ging auf und ab, schlug sich wütend mit den Fäusten an den Kopf, konnte aber seine Schläfrigkeit nicht überwinden. Er stellte das Buch vor sich hin und sperrte die Lider mit den Fingern auf, schlief aber mit weit offenen Augen ein.«

Auch Mabel ist verzweifelt. Nur am Wochenende kann sie sich jetzt noch mit Jack für kurze Zeit treffen. Für Gespräche über Poesie oder Philosophie aber ist der Wäschereiarbeiter meist zu müde. Gern würde sie ihm eine leichtere Arbeit im Unternehmen ihres Vaters vermitteln. Doch dazu ist Jack zu stolz. Er will es aus eigener Kraft schaffen.
Und wieder bietet sich eine neue, abenteuerliche Fluchtmöglichkeit aus der Misere. In Alaska wird Gold gefunden. Jack sieht eine einzigartige Chance, schnell reich zu werden und Mabel doch noch für sich zu gewinnen. Mit Büchern von Spencer, Darwin, Nietzsche und Marx im Gepäck folgt er dem »Lockruf des Goldes« und nimmt den nächsten Dampfer nach Alaska.

Goldrausch

> »Ja, ich hatte meine Laufbahn zum Teufel gehen lassen, war wieder auf Abenteuer aus und suchte das Glück.«

Die Goldfunde des Jahres 1897 kommen gerade zur rechten Zeit, um Millionen Amerikaner von der Wirtschaftskrise und den sozialen Problemen abzulenken. Nahezu täglich berichten die Zeitungen in großer Aufmachung von Diggern, die über Nacht reich wurden. Wie ein gigantisches Lottospiel nach dem Motto »Jeder hat eine Chance« und »Man muß nur wollen« lockt der Alaska-Rummel nicht nur Abenteurer und Glücksritter, sondern auch zahlreiche Arbeits- und Hoffnungslose zum letzten Einsatz und heizt die Fluchtträume einer ganzen Nation an. Rund hunderttausend Männer verlassen auf eine vage Chance hin ihre Frauen und Kinder und machen sich, geleitet von Abenteuerlust und Habgier, auf die Jagd nach dem schnellen Reichtum.

Auch Jack ist geblendet.

Die Familie muß künftig ohne seine Unterstützung auskommen. Jack kratzt sein letztes Geld zusammen und rüstet sich gemeinsam mit seinem Schwager, dem fast sechzigjährigen Kapitän Shepard, für die Reise in den hohen Norden aus. Beide können nicht ahnen, wie gering ihre Gewinnaussichten sind: Im Jahr des Goldrauschs, so hat man später errechnet, wurden rund sechzig Millionen Dollar für Ausrüstung und Reisekosten ausgegeben. Doch nur ein geringer Teil davon, zehn Millionen Dollar, konnten als Gold aus dem Boden gekratzt werden. Erst in späteren Jahren brachte der maschinelle Abbau den professionellen Bergwerksunternehmen wirklichen Gewinn.

Die Amateurgoldsucher bereiten also – wie schon beim großen kalifornischen Goldrausch – auch diesmal nur den Boden für die großen Gesellschaften. Fast alle müssen mehr geben als sie

bekommen. Die goldenen Träume werden teuer verkauft. Jack freilich ist felsenfest überzeugt, daß zumindest er seinen Goldklumpen finden wird.
Der direkte Weg ins neuentdeckte Dorado führt durch den »Vorraum der Hölle«, durch ein steiles Gletschergelände, über den Chilkoot-Paß. Wie Tausende von Goldsuchern steht Jack vor der nebligen, lawinenbedrohten Eiswand, die es zu bezwingen gilt. Nicht nur einmal, sondern mindestens zwanzigmal. Denn es ist Vorschrift, daß jeder Digger mindestens eine Tonne Lebensmittel und Ausrüstung ins Klondike-Revier einführt. Und das läßt sich nur in mühsamen Etappen und auf Zentnerportionen verteilt schaffen. Jack wird drei Monate brauchen, für insgesamt 2000 Kilometer.
Angesichts solcher Strapazen haben am Chilkoot-Paß bereits viele Glückssucher aufgegeben. Doch Jack – mit darwinistischen Ideen vom Kampf ums Dasein und von der natürlichen Auslese im Kopf – nimmt die Herausforderung an: sechs Stunden lang, über die eintausendfünfhundert Stufen, dic ein geschäftstüchtiger Kanadier ins Eis gehackt hat und für einen Dollar benutzen läßt – eintausendfünfhundert Stufen mit schwerem Gepäck, in einer endlosen stumpfsinnig-mürrischen Männerreihe.

»Wir sind aneinandergeschmiedet wie Galeerensträflinge, wir sind eine Kette von Verdammten.«

Viele brechen zusammen, manch einer nimmt sich das Leben. Alle hundert Meter findet sich eine Art Rastplatz, der in den Schnee gestampft wurde, aber nur im äußersten Notfall benutzt wird. Wer aus der Reihe tanzt, findet nur schwer wieder Einlaß in die fluchende, schwitzende, qualvoll vorwärtsstapfende Kette menschlicher Lasttiere.

»Ich war mit meinen einundzwanzig Jahren in glänzender Körperverfassung. Auf der achtundzwanzig Meilen langen Strecke von

Dyea Beach über den Chilkoot-Paß nach Lake Linderman nahm ich es mit jedem Indianer auf. Das letzte Stück nach Linderman betrug drei Meilen. Ich machte den Weg viermal an einem Tage hin und zurück und schleppte jedesmal auf dem Hinweg hundertfünfzig Pfund.«

Nach den Bergen eine erneute Prüfung: endlose Seen und reißende Flüsse. Boote werden gezimmert, die Goldgräberflotte rudert und segelt nordwärts. Doch dann kommen die Stromschnellen, das berüchtigte »Weiße Roß«, hier sind schon manche Männer ertrunken, hier ist es üblich, an Land zu gehen und Gepäck und Boote um die Schnellen herumzuschleppen. Doch Jack liebt solche Umwege nicht. Also riskiert er Ausrüstung und Leben und steuert durch.

»Ich aber war Seemann Jack, und in halsbrecherischer Fahrt schossen wir die Mähne entlang, keine zwei Meter von der Felswand entfernt. Einige Augenblicke später legten wir unten in ruhigem Wasser an.«

Endlich erreicht er die legendäre Goldgräberstadt *Dawson City,* in der in jenen Tagen rund 50000 Digger, Glücksjäger, Händler, Spekulanten, Kneipenwirte und Prostituierte aufs große Gold warten. Hier werden auch die Claims, die Goldfelder, registriert und vergeben:

»Formular H, Ansuchen um Erlaubnis zum Mineralienschürfen. Ich, Jack London, von Dawson im Yukon-Distrikt, beanspruche hiermit 500 Fuß im Geviert als Claim Nummer 54 an der linken Gabelung des Henderson-Baches. Und ich schwöre feierlich, daß ich dort Gold gefunden habe und daß ich meines Wissens der erste Entdecker dieses Goldfundes bin.«

Mit etlichen Hundeschlitten jagen Jack und seine Freunde zum Henderson-Bach, stecken die Claims ab und versuchen, aus Sand und Kies Gold herauszuwaschen. Doch die ersehnten Nuggets finden sich nicht, weder Goldkörner noch Goldflöckchen. Nicht einmal Goldstaub. Nur »Mica«, wertloses, trügerisch schimmerndes »Katzengold«. Die Goldgräberkarriere findet nicht statt. Der als Übermensch angetreten war, wird in den Abgrund zurückgestoßen. Jack erkrankt an Skorbut, da in Dawson Gemüse und frische Lebensmittel kaum erschwinglich sind, und muß auf die Krankenstation. Sobald es ihm wieder besser geht, zimmert er mit zwei seiner Gefährten ein Ruderboot und läßt sich 2500 Kilometer den Yukon hinuntertreiben, bis zur Bering-See.

»Ich fuhr als Heizer auf einem Dampfer von der Bering-See nach Britisch-Kolumbien und von dort als Zwischendeckpassagier nach San Francisco. Allein daraus kann man entnehmen, daß ich außer meinem Skorbut nichts aus Klondike mit nach Hause gebracht hatte.«

Das freilich soll sich schon bald als Untertreibung herausstellen: Jack hat sein eigenes Gold gesiebt, einen literarischen Claim abgesteckt. Gut achtzehn Jahre lang zehrt er noch von seinen Alaska- und Goldgräbererlebnissen, münzt sie in Romane wie den ALASKA KID oder Abenteuergeschichten um, die ihm Erfolg und Weltruhm bringen.

»Plötzlich hatte der Goldgräber das Gefühl, daß ihm irgendeine Gefahr drohte. Es war, als fiele ein Schatten auf ihn. Aber es war kein Schatten. Es war, als hätte er einen Klumpen in den Hals bekommen und sollte ersticken. Im nächsten Augenblick gefror ihm das Blut in den Adern, und er fühlte, wie sein verschwitztes Hemd ihm kalt auf dem Körper klebte. Er sprang nicht auf und sah sich auch nicht um. Er blieb, einen Goldklumpen in den Händen, sitzen. Er tat, als wäre er ganz von dem Gold in seiner Hand in Anspruch genommen. Er untersuchte es kritisch, wendete und drehte es und reinigte es von der Erde. Aber die ganze Zeit fühlte er, daß ein Wesen hinter ihm stand, ihm über die Schulter blickte und das Gold betrachtete.

Er lauschte angespannt und tat dabei weiter, als wäre er ganz mit dem Golde in seiner Hand beschäftigt, und jetzt hörte er ein Wesen hinter sich atmen. Sein Blick ging suchend über den Boden vor ihm, um eine Waffe zu entdecken, aber er sah nur das ausgegrabene Gold, das in seiner jetzigen Lage wertlos für ihn war. Er hatte allerdings seine Hacke, die bei gewissen Gelegenheiten eine ganz brauchbare Waffe gewesen wäre, nicht aber jetzt. Der Mann erkannte plötzlich, wie gefährlich seine Lage war. Er befand sich in einem engen, sieben Fuß tiefen Loch. Mit seinem Kopf reichte er nicht bis zur Erdoberfläche. Er saß in einer Falle. Die Minuten vergingen, und er wußte, daß er sich mit jeder Minute, die schwand, mehr dem Zeitpunkt näherte, da er sich erheben mußte, wenn er nicht – sein nasses Hemd klebte bei dem Gedanken an seinem Körper – den Tod, über seinen Schatz gebeugt, hinnehmen wollte. Sein Instinkt und jede kampflustige Fiber in seinem Körper sagten ihm, daß er sich mit Händen und Füßen so schnell wie möglich aus dem Loch herausarbeiten sollte. Sein Verstand hingegen riet ihm, sich langsam und vorsichtig dem Wesen zu nähern, das ihn bedrohte und das er nicht sehen konnte. Während er aber alles das überdachte, ertönte plötzlich ein lauter Knall an seinem Ohr. Im selben Augenblick erhielt er einen lähmenden Schlag auf die linke Seite des Rückens, und von der Stelle, wo er getroffen war, verbreitete sich ein brennender Schmerz durch seinen Körper. Er sprang hoch, brach aber zusammen, ehe er halb auf den Füßen war. Sein Körper krümmte sich wie ein Blatt, das in plötzlicher heftiger Hitze welkt. Er fiel mit der Brust gegen die Pfanne und bohrte das Gesicht in Kies und Quarzstücke, während sich seine Beine wegen des engen Raumes auf dem Boden des Loches verrenkten. Seine Glieder zitterten mehrmals krampfhaft, seinen Körper durchfuhr es wie ein heftiger Kälteschauer. Die Lungen weiteten sich langsam, und man hörte einen tiefen Seufzer. Dann fiel sein Körper schlaff zusammen.

Von oben guckte ein Mann, der einen Revolver in der Hand hielt, über den Rand des Loches hinweg. Er starrte lange auf den bäuchlings ausgestreckten, unbeweglichen Körper unter ihm. Nach einer Weile setzte der Fremde sich auf den Rand des Loches und legte gleichzeitig den Revolver auf seine Knie. Er steckte die Hand in die Tasche und zog einen Streifen braunes Papier heraus. Er streute ein bißchen Tabak auf das Papier, und das Ergebnis wurde eine braune, kurze Zigarette. Unaufhörlich starrte er dabei den ausgestreckten Körper auf dem Boden des Loches an. Er zündete die Zigarette an und sog den Rauch in die Lungen. Er rauchte langsam.

Zuletzt warf er den Zigarettenstummel fort und erhob sich. Er trat an den Rand des Loches. Die Hände auf den Rand gestützt, den Revolver noch in der Rechten, spannte er seinen Körper und arbeitete sich in das Loch hinunter. Als seine Füße noch einen halben Meter vom Boden entfernt waren, ließ er sich hinabfallen. Im selben Augenblick, als seine Füße den Boden berührten, sah er den Arm des Goldgräbers hervorschießen und fühlte einen festen Griff an seinem Bein; dann wurde er umgerissen. Die Hand, in der er den Revolver hielt, befand sich infolge der Stellung, die er beim Herabspringen eingenommen hatte, über seinem Kopfe. Aber er senkte sie blitzschnell, sobald er den Griff an seinem Bein fühlte. Er hatte den Boden noch nicht berührt, als er auch schon schoß. Der Knall ertönte ohrenbetäubend in dem engen Loch, und der Rauch füllte es, so daß man nichts sehen konnte. Er fiel rücklings auf den Boden, und wie eine Katze sprang der Goldgräber über ihn. Der Fremde beugte den rechten Arm, um zu schießen, aber in demselben Moment stieß der Goldgräber mit dem Ellenbogen sein Handgelenk beiseite. Der Revolver fuhr hoch, und die Kugel schlug klatschend in die Erdwand.

Im gleichen Augenblick fühlte der Fremde, wie die Hand des Goldgräbers sein Handgelenk packte. Jetzt galt der Kampf dem Revolver. Jeder wollte ihn gegen den anderen benutzen. Der Rauch im Loche begann sich zu verziehen, und der Fremde, der

auf dem Rücken lag, konnte allmählich wieder etwas sehen. Plötzlich aber wurde er von einer Handvoll Erde geblendet, die sein Gegner ihm kaltblütig in die Augen warf. Bei dem Schreck darüber löste sich sein Griff um den Revolver. Im nächsten Augenblick spürte der Fremde, daß eine überwältigende Finsternis sein Hirn verschleierte, und mitten in der Finsternis hörte die Finsternis auf.
Der Goldgräber aber feuerte immer wieder, bis der Revolver leer war ...«

Die Welt, die Jack in Alaska vorfindet und später in seinen Erzählungen verdichtet, ist eine realitätsferne, abenteuerliche Welt, in der sich die Wirklichkeit der Städte und die sozialen Probleme der Zeit leicht vergessen lassen.
Jacks Helden befinden sich meistens in einer Ausnahmesituation: in Auseinandersetzung mit Naturgewalten, in einer reinen Männergesellschaft, in einer bedingungslosen Konkurrenz, die nicht selten im mörderischen Zweikampf gipfelt. Im Grunde sind es alte Wildwest-Mythen, die hier lebendig werden: die Neuland-Erfahrungen der Grenzer und Pioniere, die Willkür der Gesetzlosen, der unerbittliche Kampf ums Überleben, das hohe Lied der Männerfreundschaft.
In Alaska erfährt Jack, wie sich Menschen in extremen Situationen verhalten: im Goldfieber, im Alkoholrausch, im blindwütigen Haß und in tödlicher Gefahr. Hier erscheinen die Menschen auf animalische Grundmuster begrenzt, auf Urtriebe und Urinstinkte – den Wölfen gleich. Einerseits scheinen sich Gedanken und Lehren von Darwin, Nietzsche und Spencer zu bestätigen: die Lehre von der Evolution, die im Menschen die Weiterentwicklung des Tiers sieht, das Ausleseprinzip, nach dem nur die Stärksten der Art überleben, der Glaube an die Vererbbarkeit von Erfahrungen und an eine Überlegenheit der weißen Rasse. Andererseits schrumpft in den Abenteuergeschichten Jacks politische Überzeugung auf den Gedanken der Brüderlichkeit: der Stärkere

hat die Verpflichtung, dem Schwächeren zu helfen, der Reiche dem Armen. Von der Freiheit und Gleichheit aller Menschen, von Solidarität und politischem Kampf ist hier keine Rede mehr.
Freilich darf nicht übersehen werden, daß Jack nur eine begrenzte Wirklichkeit abbildet, die eigene Spielregeln hat. Jack hat seinen Kritikern gegenüber oft genug darauf hingewiesen, daß die Welt seiner Alaska-, Abenteuer-, Tier- und Seefahrergeschichten jenseits der Zivilisation und außerhalb der kapitalistischen Industriegesellschaft liegt.
Bestreiten läßt sich allerdings nicht, daß Jack dazu neigt, heroische Gestalten zu schaffen, die Kraft des einzelnen zu überschätzen und sich selbst in seinen Helden als eine Art Übermensch zu porträtieren. Damit erliegt er nicht nur den Denkmoden seiner Zeit, sondern auch den Klischees der populären Abenteurererzählung.

Nehme jede Arbeit an

»Es waren schwere Zeiten. Arbeit war kaum zu bekommen. Und Arbeit suchte ich, ganz gleich welcher Art; ich mußte nehmen, was sich mir bot ... Der ungelernte Arbeiter ist der erste, der die Härte schlechter Zeiten zu fühlen bekommt, und ich hatte nichts gelernt als segeln und waschen. An meine ›Laufbahn‹ dachte ich nicht mehr. Das war aus und vorbei.«

Als Jack nach einjährigem Goldfieber skorbutkrank und abgemagert wieder in Kalifornien eintrifft, erfährt er, daß sein Stiefvater John London gestorben ist. Damit wird der zweiundzwanzigjährige, stellungslose Gelegenheitsarbeiter zum Oberhaupt der Familie. Mietrückstände, Schulden, Mahnungen und immer neue Rechnungen erwarten ihn.
Jack muß seine Uhr, sein Fahrrad, seinen Mantel versetzen. Er annonciert in drei verschiedenen Zeitungen, ist bei fünf Stellenvermittlungsbüros registriert – und bereit, jeden Job zu übernehmen, stundenweise, halbtags, tageweise.

»Ich konnte keine Arbeit bekommen. Und doch war ich gute Ware auf dem Arbeitsmarkt. Ich war zweiundzwanzig Jahre alt, wog ausgekleidet hundertfünfundsechzig Pfund; die letzten Spuren des Skorbuts waren nach einer Kur mit rohen Kartoffeln verschwunden. Jede Arbeit war mir recht. Ich versuchte, Modell zu werden, aber in diesem Beruf gab es viele gut gebaute junge Männer. Ich schrieb auf Annoncen, in denen ältere Invaliden Begleiter suchten. Und schließlich bekam ich eine Stellung als Nähmaschinenagent, jedoch nur mit Provision, ohne festes Gehalt. Aber arme Leute kaufen keine Nähmaschinen, so daß ich auch diesen Beruf wieder aufgeben mußte.«

So bleibt es bei Gelegenheitsarbeiten: Teppichklopfen, Heckenschneiden, Rasenmähen, Fensterputzen.

An eine Heirat mit Mabel wagt Jack jetzt nicht mehr zu denken, obgleich sie sich nach seiner Rückkehr wieder nähergekommen sind. Der gescheiterte Goldsucher stellt seine Besuche bei der Familie Applegarth ein, da er sich seiner zerlumpten Kleidung schämt. Von nun an verkehren die beiden überwiegend postalisch miteinander.

Als Jack in einer Zeitung liest, daß Examen für den Postdienst durchgeführt werden, schöpft er neue Hoffnung und meldet sich. In wenigen Nächten paukt er sich die erforderlichen Kenntnisse ein. Nach bestandener Prüfung muß er allerdings erfahren, daß im Moment leider keine Stellen zur Verfügung stehen. Zermürbt, nervös und unterernährt klammert sich Jack an die letzte Hoffnung, die ihm geblieben ist.

»Ich versuchte, mir zwischen der Gelegenheitsarbeit zehn Dollar zu verdienen, indem ich einen Zeitungsartikel über eine Reise schrieb, die ich im offenen Boot den Yukon hinab gemacht hatte. Ich hatte keine Ahnung, wie es bei den Zeitungen zugeht, hatte aber den festen Glauben, daß ich zehn Dollar für meinen Aufsatz bekommen würde. Aber ich bekam sie nicht.«

Trotz aller Absagen schreibt Jack weiter. Außerdem liest er verschiedene Werke über Philosophie, Soziologie, Biologie und die Geschichte des Sozialismus. Er will es allein packen, ohne Universitäten und Professoren, will sich selbst die geistige Grundlage für den Schriftstellerberuf erarbeiten. Über seine Schreibübungen berichtet der Roman MARTIN EDEN:

»Er vergeudete nicht einen Augenblick. Am Spiegel waren Listen mit Erklärungen der Bedeutung und Aussprache verschiedener Wörter angebracht, und während er sich rasierte, ankleidete oder seine Haare kämmte, überlas er sie. Ähnliche Listen befanden sich an der Wand ... Er zog Wäscheleinen mitten durchs Zimmer, um weitere Streifen mit wichtigen Sentenzen anzuheften.«

Wieder leistet Jack Außerordentliches, um aus seiner Misere herauszugelangen. Die Liebe zu Mabel treibt ihn in immer phantastischere Anstrengungen. Ausgerechnet jetzt will er sie unbedingt heiraten, und es gelingt ihm, Mabel zu einer auf sechs Monate befristeten Verlobungszeit zu überreden. Er verspricht ihr, sich in diesem Zeitraum eine solide bürgerliche Existenz zu schaffen – eine nahezu aussichtslose Wette mit dem Schicksal. Doch diesmal setzt Jack alles auf eine einzige Karte: er will sich die Geliebte regelrecht »erschreiben«. Wieder arbeitet Jack bis zu neunzehn Stunden täglich. Im Winter 1898 ist er dem Zusammenbruch nahe. An Mabel schreibt er:

»Verzeihe, daß ich nicht geschrieben habe. Ich bin elend und halb krank gewesen. War heute morgen so nervös, daß ich mich kaum rasieren konnte ... Alles scheint schiefgegangen zu sein.«

Das letzte Geld geht für die Briefmarken drauf, um die Manuskripte an die Redaktionen zu senden. Doch die Zeitungen und Magazine lehnen ab. Jack schreibt und versucht es weiter. In einer Kiste unter seinem Schreibtisch stapeln sich zurückgesandte Kurzgeschichten und Erzählungen.

»Hungrig! Hungrig! Hungrig! Von der Zeit an, da ich mir Nahrung stahl und nichts hörte als den Schrei meines Magens bis heute, wo der Schrei ein höherer ist: Hunger, nichts als Hunger. Du kannst das nicht verstehen, und Du wirst es nie verstehen. Und auch kein anderer hat es je verstanden. Es ist alles von selber gekommen. Die Pflicht sagte: ›Laß das Schreiben – arbeite!‹
Andere sagten dasselbe, wenn sie es mir auch nicht ins Gesicht sagen wollten. Alle sahen mich schief an, und wenn sie auch nichts sagten, wußte ich doch, was sie dachten.«

Jack will den Erfolg erzwingen. Koste es, was es wolle. Aber er kassiert nur Ablehnungsschreiben, die er trotzig auf einem Draht aufspießt. Eineinhalb Meter hoch wird der Stapel der Ablehnungsschreiben am Ende sein – auch das ein außergewöhnlicher Rekord.
An schlechten Tagen sieht er sich gescheitert, verliert sich in Selbstmitleid und Selbstmordgedanken und schreibt düstere Briefe an Mabel:

»Wenn ich sterbe, werde ich ein zähes Leben gehabt haben; ich werde bis zum letzten kämpfen, und die Hölle wird keinen passenderen Insassen haben als mich ... Wäre ich eine Frau, ich würde mich allen Männern hingeben, nur um Erfolg zu haben – kurz, ich werde ihn haben.«

Dann endlich ein erster Erfolg. Im Januar 1899 erscheint Jack Londons Erzählung UNTERWEGS in der Zeitschrift *Overland Monthly*. Honorar: fünf Dollar. Und jetzt geht es plötzlich Schlag auf Schlag. Für die nächste Story werden ihm 7 Dollar 50 gezahlt. Es ist wie ein Märchen – sein literarischer Marktwert beginnt stetig zu steigen: 40 Dollar, 120 Dollar ... Im Sommer gelingt der Durchbruch: Jack beliefert fünf Zeitschriften in San Francisco, Chicago und New York. Dafür erfüllt er ein eisernes Pensum: 1500 bis 2000 Wörter täglich, und natürlich hat Jacks Woche sieben Tage und sein Tag bis zu neunzehn Stunden.

»Ich löste mein Fahrrad, meine Uhr und den Regenmantel meines Vaters ein und mietete mir eine Schreibmaschine. Ferner bezahlte ich die Kaufleute, die mir Kredit gewährt hatten.«

Jack hat sich heiratsfähig geschrieben. Als ihm jetzt eine Stelle im Postdienst angeboten wird, kann er es sich leisten, abzulehnen. Er ist auf dem besten Wege, berühmt und reich zu werden. Das Versprechen, innerhalb von sechs Monaten die Grundlage einer bürgerlichen Existenz zu legen, hat er gehalten: Der Heirat mit Mabel Applegarth steht eigentlich nichts mehr im Wege. Doch jetzt muß Jack einen entscheidenden Fehler an seiner Verlobten entdecken: Sie mag seine Geschichten nicht – die Abenteuerstories des goldsuchenden Hungerleiders sind ihr zu roh und kunstlos. Und noch etwas anderes muß Jack feststellen. Jetzt, da sein sehnlichster Wunsch erfüllbar und Mabel erreichbar ist, ist die Verzauberung verschwunden. Jack sieht die Verlobte in einem völlig neuen Licht:

»Ich sah, wie die Unsterblichkeit aus ihr schwand; sah sie nur als Frau ... Und bald erwachte ich erschrocken und fand, daß ich jetzt urteilte. Nun war sie weniger bedeutend. Sie hatte zwar ihre Tugenden, aber ebenso ihre Schwächen. Sie war rein, anständig, wahrhaft, aufrichtig, alles. Aber sie war nicht wirklich bedeutend. Ihre Bildung war ein oberflächlicher Anstrich, ihr tiefster Sinn ein seichtes Klingen ... Ich erwachte und urteilte also, und die Zeit meiner Knabenliebe war vorüber.«

Allmählich beginnt Jack auch literarisch auf eigenen Füßen zu stehen. Die ersten Erfolge machen ihn selbstbewußt, er kritisiert das enge, konservative Kunstverständnis der höheren Tochter. Auf keinen Fall will er sich jetzt noch an die starren Lebensformen anpassen, in denen Mabel aufgewachsen ist. Die scheinbar heile Welt der Bildungsbürger hat ihre Faszination verloren.

»Ich entdeckte, daß es mir keinen Spaß macht, in diesem Wohnzimmer der Gesellschaft zu leben. Ich langweilte mich ... Ich dachte zurück an meine Intellektuellen und Idealisten, entlassenen Priester, gefeuerten Professoren und an die moralisch anständigen, klassenbewußten Arbeiter. Ich dachte zurück an meine Tage und Nächte voller Sonnenschein und Sternenglanz, als das Leben ein wildes, süßes Wunder, ein geistiges Paradies selbstloser Abenteuer und ethischer Märchen gewesen war.«

Mabels Bild verblaßt. Eine andere Frau tritt an ihre Stelle: die siebzehnjährige Studentin Anna Strunsky. Jack lernt sie 1899 auf einer sozialistischen Veranstaltung kennen. Im Gegensatz zu Mabel teilt sie nicht nur seine politischen Ansichten, sondern ist auch von Jacks schriftstellerischer Begabung überzeugt. Anna stammt aus einer wohlhabenden jüdisch-russischen Emigrantenfamilie, in der freiheitlich gedacht und radikal diskutiert wird.
Anna und Jack scheinen füreinander bestimmt zu sein: zum ersten Mal erlebt Jack einen Menschen, vor dem er keine Geheimnisse haben muß. Anna ist klug, selbstbewußt und ausgesprochen schön. Vor allem aber kann sich Jack phantastisch mit ihr streiten. Oft diskutieren sie die halbe Nacht lang. Und weil sie sich lieben, können sie auch sehr ehrlich miteinander sein. Beispielsweise attackiert Anna Jacks privaten Ehrgeiz, sein unbändiges Geld- und Erfolgsstreben. Sie fürchtet, daß er sich selbst an goldene Ketten legen und seine Ideale vergessen wird. Jack widerspricht. Er will auf Erfolgskurs bleiben. Nichts fürchtet er mehr, als noch einmal in den Abgrund hinabzurutschen. Außerdem ist er überzeugt, daß ihn der Erfolg nicht korrumpieren kann.
Die Liebe zwischen Jack und Anna hat ihre eigenen Gesetze, aber auch eine Grenze, die beide nicht zu überschreiten wagen.
Kurz nach seiner Entscheidung, eine andere zu heiraten, schreibt Jack an Anna:

»Hast Du es nicht bemerkt? Während ich sagte ›Du verstehst mich nicht‹, empfand ich dessenungeachtet das Glück der Befriedigung (...), empfand ich, daß es keinen inneren Konflikt gab; daß wir irgendwie aufeinander abgestimmt waren, daß eine wirkliche Übereinstimmung vorlag. Das vom Stapel zu lassende Schiff gleitet in die See; die Gleitbahnen sträuben sich mit schwachem Ächzen und Knarren, aber See und Schiff hören dies nicht: wie bei uns, als wir gegenseitig vom Leben des anderen Besitz ergriffen – wir, unser wahres Ich, waren ungestört. Kameraden! Ja, Welt ohne Ende.«

Sehr plötzlich reißt sich Jack von Anna los. Er heiratet einfach, obgleich er das eigentlich gar nicht vorhatte. Beim Umzug in ein größeres Haus wird ihm mit einem Mal klar, daß zum vollkommenen Glück noch eine Frau fehlt. Seine Freundin Elizabeth, die gerade bei den Umzugsarbeiten hilft, scheint für diese Rolle am besten geeignet zu sein:

»Am vorigen Sonntagmorgen hatte ich nicht die leiseste Absicht, das zu tun, was ich tun werde. Ich kam nach unten und sah mir das Haus an, in das ich einziehen würde – das zeugte den Gedanken. Ich faßte meinen Entschluß. Sonntag abend leitete ich die Vorbereitungen für die Hochzeit ein; Montag abend war die Sache gut im Gang; und am kommenden Sonntag werde ich heiraten ...«

Am 6. April 1900 heiratet Jack die Lehrerin Elizabeth Maddern, die ihm das Haus versorgt, zwei Töchter schenkt, Manuskripte tippt und für den ungestörten Verlauf seiner Schriftstellerkarriere sorgt. Es ist eine »Vernunftehe«. Jack will ein geregeltes Leben haben, einen Fixpunkt. Ganz bewußt heiratet er keine Geliebte. Jack ist überzeugt, daß ein alltägliches Miteinander die Liebe und geistige Nähe, die ihn mit Anna verbindet, zerstören würde. Beide versuchen, ihrer Zuneigung fortan eine eher kameradschaftliche Form zu geben. Doch das halten sie nicht lange durch.

Der Schriftsteller

»Die Dinge laufen, wie ich sie haben will, und wenn es auch Jahre dauert. Niemand zwingt mir seinen Willen auf, außer in Kleinigkeiten des Augenblicks. Ich bin nicht hartnäckig, aber ich verfolge mein Ziel so beständig, wie die Nadel den Pol sucht. Verzögerung, Ausweichen, geheimer oder offener Widerstand, das alles ist unwesentlich, es geht doch nach meinem Willen.«

Jack genießt seine ersten Erfolge und seinen frischen Ruhm. Jetzt muß er keine Manuskripte mehr auf Rundreisen schicken, jetzt schreiben die Redakteure und bitten um Beiträge. Mühelos kann er ihnen sogar seine alten, früher abgelehnten Kurzgeschichten neu anbieten und den bevorzugen, der am meisten bezahlt. Jack sieht das ganz nüchtern und materialistisch:

»Die wichtigsten Werte im Leben werden heute in Geldwert ausgedrückt. Das, was für dies Zeitalter am meisten kennzeichnend ist, das ist das Geldverdienen.«

Demzufolge hat Jack auch keine Skrupel, für zweitklassige Unterhaltungszeitschriften des nicht gerade arbeiterfreundlichen Hearst-Pressekonzerns zu schreiben. Je leichter er mit seinen Geschichten Geld verdient, desto mehr Kraft kann er der politischen Arbeit widmen, Essays schreiben, Reden und seine wöchentlichen Vorlesungen für die Oaklander Sozialisten halten.
Um die Jahrhundertwende erscheint Jacks erstes Buch, eine Sammlung alaskischer Kurzgeschichten, unter dem Titel DER SOHN DES WOLFS. Es wird auf Anhieb ein Erfolg. Die Kritik feiert ihn, und binnen eines Jahres erscheinen drei weitere Bände. Der literarische Selfmademan hat es geschafft. Jetzt kann er sich und

seiner Familie ein Haus in den Bergen kaufen. Der Wolf hat sich durchgebissen. Jack gehört nicht mehr zu den Schwachen und Demütigen. Jetzt ist er reich und stark.

»Nicht auf den Gewinn kommt es an, sondern auf das Spiel ... Geld zusammenscharren wird nie mein Laster werden, aber Geld ausgeben – ah, ein Opfer dieses Lasters werde ich immer sein!«

Jack ist großzügig und gastfreundlich. Er hat plötzlich viele neue Freunde, wird von den Frauen umschwärmt und bewundert. Doch der Glanz der Geselligkeit und der literaturbeflissenen Zirkel verblaßt schnell. Und der ruhige Ablauf seiner Ehe behagt Jack immer weniger. Er hat Sehnsucht nach Anna und schreibt ihr:

»Du und ich, wir haben jeder, in uns aufblitzend, ein Stück vom Universalen, und deshalb fühlen wir uns zueinander hingezogen.«

Beide beschließen, ihre Gespräche über Liebes- und Lebensansprüche in einem fiktiven Briefwechsel fortzusetzen und als Buch herauszugeben. Während der zwei Jahre, die sie an dem gemeinsamen Werk arbeiten, kommen sich Jack und Anna allmählich wieder näher. Wie nahe, das verraten die privaten Briefe:

»Du bist die Sehnsucht der Welt, Du stolzbrüstige Frau ... Bei Dir hab ich gestottert, konnte ich meine innersten Gedanken nicht sagen.«

Jack redet Anna mit »Du Liebe, Liebe« an und schickt ihr eine Reihe leidenschaftlicher Briefe:

»Jetzt schreibe ich 2000 Worte am Tag, und das jeden Tag, und in meinem Kopf ist ein solcher Tumult, daß ich kaum zu denken vermag. Doch ich fühle. Ich bin krank vor Liebe zu Dir und vor Verlangen nach Dir.«

Die Liebesaffäre bringt beide in eine ausweglose Situation. Jack will seine Vernunftehe retten, während Anna eine Klärung der Situation fordert. Die »langweilige Konvention der Ehe« mit einer Frau, die er nicht liebt, mache ihn zum Sklaven und verletze ihre Seelen, schreibt sie. Doch Jack zögert. Er hat nicht den Mut zu einer Scheidung und fürchtet den Skandal.
Als ihm im Jahre 1902 eine Presseagentur den Auftrag erteilt, nach Südafrika zu fahren und über den Burenkrieg zu berichten, nutzt er die Chance zu einer längeren Reise. Jack fährt nach New York und nimmt das nächste Schiff nach England.
Die Trennung von der Geliebten ist schmerzlich. Anna weiß, daß Jack vor seinen Problemen davonläuft. Wenig später schreibt sie einen Abschiedsbrief und beendet die Liebesaffäre.
Jack ist zutiefst getroffen und schreibt eine wütende Antwort. In Zukunft will er von Liebe und Leidenschaft nichts mehr wissen.

»Diese Bände meines Lebens werden für immer geschlossen bleiben. Ich werde nie mehr in ihnen lesen.«

1903 erscheinen THE KEMPTON-WACE LETTERS, die Briefe zwischen Dane Kempton (Anna) und Herbert Wace (Jack). Anna vertritt darin idealistische und romantische Ansichten, während Jack nüchtern und ohne Illusionen argumentiert.

»Biologisch gesehen, ist die Ehe eine zur Erhaltung der Art notwendige Einrichtung. Romantische Liebe ist ein Kunstgriff, den der Mensch unwissentlich in die natürliche Ordnung gebracht hat. Ohne erotische Literatur, ohne die historischen Gestalten großer Liebender, ohne die Girlanden der Liebeslyrik und ein Bündel epischer Liebesdichtungen – ohne all dies würde der Mensch nicht in der Weise lieben, wie er es tut.«

Als Jacks Überseedampfer endlich in London eintrifft, ist der Krieg bereits in der Endphase, der Auftrag wird telegraphisch zurückgezogen. Jack hat sofort ein neues Thema. Bei einem Trödler kauft er einen alten, verschlissenen Anzug, ausgetretene Schuhe und eine Schiebermütze. So verkleidet, mietet er sich als obdachloser amerikanischer Seemann ein Zimmer im East End. Von hier aus will er in die Unterwelt, die Slums der Weltstadt hinabsteigen und aus der Perspektive der Elenden den Luxus der Krönungsfeierlichkeiten für Eduard VI. beobachten. An seine Familie schreibt er:

»War die ganze Nacht mit den Obdachlosen auf der Straße, im bitteren Regen, bis auf die Haut durchnäßt. Den nächsten Tag dasselbe. Furchtbarer Kampf ums Essen. Am Abend kehrte ich zurück, nachdem ich 36 Stunden unterwegs gewesen war und eine Nacht nicht geschlafen hatte. Heute habe ich 4000 Wörter geschafft. Es ist ein Uhr morgens. Bin erschöpft und zerschlagen, und meine Nerven sind von all dem, was ich gesehen und was ich dabei erlitten habe, stumpf geworden. Diese menschliche Hölle hat mich ganz krank gemacht.«

Drei Monate lang studiert Jack hautnah das Elend in den Slums, bettelt, übernachtet in Armenhäusern, steht nach Brotresten an, schließt Freundschaft mit Stadtstreichern und schläft auf Parkbänken. Er fotografiert, liest Regierungsberichte und wissenschaftliche Untersuchungen über die Armut einer Stadt, in der ein Zehntel der Bevölkerung dahinvegetiert, langsam verhungert. Die sozialkritische Reportage wächst sich zu einem Buch aus: DIE KINDER DES ABGRUNDS (DIE STADT DER VERDAMMTEN).

»Kein anderes meiner Bücher hat mehr Herz und Tränen gekostet als diese Studie über die wirtschaftliche Erniedrigung der Armen.«

Das persönliche Mitleiden ergänzt Jack durch sorgfältige Dokumentation. Er zitiert Zeitungsberichte, Gerichtsprotokolle, Stati-

stiken und läßt die Bewohner des Ghettos auch selbst zu Wort kommen.
Das Ergebnis ist eine neue literarische Form: die miterlebte parteiliche Sozialreportage, die seither von Egon Erwin Kisch und Günter Wallraff weiterentwickelt wurde.

»Eine kurze Beschreibung eines typischen East-Ender ›Zuhause‹ wird deutlich machen, warum diese Menschen in die Kneipe fliehen. Wenn die Familie morgens aufsteht, machen sich Vater und Mutter, Töchter und Söhne alle in demselben kleinen Zimmer fertig. Dann bereitet die Mutter das Frühstück, und in diesem selben Zimmer, in dem die Luft noch schwer und stickig von den Ausdünstungen der Nacht ist, setzt man sich zur Morgenmahlzeit nieder. Dann geht der Vater zur Arbeit und die älteren Kinder zur Schule oder auf die Straße. Die Mutter bleibt mit den Kleinsten zurück und macht die Hausarbeit. Das dumpfe Zimmer füllt sich mit Dampf und dem Geruch von Seifenlauge und schmutziger Wäsche. Nun hängt sie das nasse Zeug über dem Herd zum Trocknen auf.
Und hier, inmitten der verschiedenerlei Gerüche des Tages, legt sich die Familie abends schlafen. Das sieht so aus, daß so viele wie möglich in das einzige Bett kriechen, wenn sie überhaupt ein Bett haben, und die übrigen ihr Lager auf dem Fußboden aufschlagen. So läuft ihr Leben ab, Tag um Tag, Jahr für Jahr. Die einzige Abwechslung gibt es dann, wenn sie auf die Straße gesetzt werden. Wenn eins der Kinder stirbt (fünfundfünfzig Prozent der Kinder im East End sterben, bevor sie das fünfte Lebensjahr erreicht haben), dann wird die Leiche in demselben Zimmer aufgebahrt. Und wenn die Familie sehr arm ist, bleibt sie so lange dort liegen, bis sie das Geld fürs Begräbnis aufgetrieben hat. Während des Tages liegt die Leiche auf dem Bett, während der Nacht, wenn das Bett gebraucht wird, legt man sie auf den Tisch, von dem die Familie am Morgen, wenn die Leiche wieder aufs Bett kommt, ihr Frühstück ißt. Manchmal hilft man sich, indem man die Leiche auf

das Regal legt, auf dem die Lebensmittel aufbewahrt werden. Erst vor zwei Wochen wurde eine Frau angezeigt, weil sie ihr totes Kind drei Wochen lang auf diese Weise im Hause behalten hatte. So ein Zimmer ist kein Zuhause, es ist eine Stätte des Grauens.«

Jacks Erlebnisse, Erfahrungen und Begegnungen mit den »Kindern des Abgrunds« gipfeln in einer leidenschaftlichen Anklage:

»Diese Mißwirtschaft muß ein Ende haben. Nicht nur hat die Regierung so verschwenderisch und unrationell gewirtschaftet, daß es schon kriminell ist, sie hat auch das Kapital fehlgeleitet. Jeder bleichgesichtige Armenhäusler, jeder Blinde, jedes Gefängniskind, jeder Hungernde ist eine lebendige Anklage dafür, daß das Kapital veruntreut wurde. Und kein Mitglied der herrschenden Klasse kann hoffen, vor dem Richterstuhl der Menschheit freigesprochen zu werden.«

Upton Sinclair, der Freund und Kritiker, erkannte schon früh die Bedeutung gerade dieser Arbeit:

»Jack hatte unendliches Mitleid. Er hat über das East End von London geweint wie Jesus über Jerusalem. Jahrelang verfolgte ihn die Erinnerung an jene verkümmerten und erniedrigten Menschen. Sein Buch wird von künftigen Generationen mit Entsetzen und Unglauben gelesen und als eine der mächtigsten Schöpfungen seiner Feder anerkannt werden.«

Manche Kritiker allerdings vermissen die nüchterne Distanz des Beobachtenden. Doch Jack hat das Buch, das er am meisten von allen seinen Büchern liebte, immer in Schutz genommen und sich zu seiner Parteilichkeit bekannt:

»Ist das Bild übertrieben? Das hängt davon ab. Für jemanden, der das Leben beurteilt wie Aktien und Kupons, ist es sicher übertrieben. Doch für jemanden, der das Leben mit den Augen der einfachen Menschen sieht, kann es nicht übertrieben sein.«

Durch sein Eintreten für die Elenden und Ausgebeuteten findet Jack neue Freunde in der amerikanischen Arbeiterschaft. Die sozialistische Presse feiert ihn als einen der ihren und rühmt ihn als den ersten amerikanischen Autor, der lebensecht die Welt der arbeitenden Menschen darstellt und für den sozialen Fortschritt Partei ergreift. In der Tat ist Jack in den sieben Jahren seiner großen Erfolge, von 1900 bis 1907, ein leidenschaftlicher Agitator der neugegründeten *Socialist Party* und kandidiert sogar ein zweites Mal – freilich auch diesmal ohne Erfolgsaussichten – bei den Bürgermeisterwahlen in Oakland.
Jack ist ein hervorragender Redner, ein freundlicher Radikaler, der die Massen magnetisch anzieht und begeistert. Die großen Hallen und Säle sind gerammelt voll, wenn er über sein abenteuerliches Leben, seine Erfahrungen als Tramp, Arbeiter und Arbeitsloser spricht und die amerikanische Revolution fordert. Seine monatelangen Tourneen in den Jahren 1905 und 1906 werden zu triumphalen Siegeszügen. Fast immer sind es Tausende, die ihn erwarten. Die Studenten und Arbeiter in New York, New Haven, Boston oder Chicago empfangen ihn mit wehenden roten Taschentüchern. Jack spricht von den Millionen Sozialisten auf der Welt, die mit aller Kraft für eine gerechtere Gesellschaft kämpfen:

»Die Revolution ist eine Tatsache. Sie ist es jetzt. Sieben Millionen Revolutionäre, organisiert, Tag und Nacht für ihre Sache arbeitend, predigen die Revolution, predigen dieses leidenschaftliche Evangelium von der Brüderschaft des Menschen (...), das die Inbrunst von Paulus und Christus in sich trägt.«

Den Zusammenbruch der kapitalistischen Herrschaft prophezeit Jack für das Jahr 2000: entweder würden die Proletarier die Macht in Wahlen oder gewaltsam erobern. Ihr Sieg sei unvermeidlich, da die Herrscher des Kapitals nicht in der Lage seien, eine menschenwürdige Ordnung herbeizuführen. Am Tage des Sieges aber würden die wahrhaft Starken zu den Schwachen sagen:

»Euch ist die Welt anvertraut worden. Ihr habt sie in Unordnung gebracht und schlecht verwaltet. Ihr seid unfähig, trotz eurer Großsprecherei. (...) Mit allen modernen Produktionsmitteln ausgestattet, seid ihr unfähig, euren Mitmenschen das tägliche Brot zu geben. Deshalb sollt ihr nicht länger die Verantwortung tragen ... Wer wird euch die Welt wegnehmen? Wir!
Kein Pardon! Wir wollen alles, was ihr besitzt. Wir wollen die Zügel der Macht und das Geschick der Menschheit in unsere Hände nehmen.
Seht uns an! Wir sind mächtig! Seht euch unsere Hände an! Es sind starke Hände ...
Ihr seid unfähig und müßt euch den Starken unterwerfen!«

Kein Wunder, daß die Herrschenden zurückschlagen. Jack wird erneut als »Bombenschmeißer« und »Mordgeselle« beschimpft. Eine Zeitung schreibt: »Er ist ein Aufwiegler und roter Anarchist; er müßte verhaftet und wegen Hochverrats angeklagt werden.« Verschiedene öffentliche Bibliotheken entfernen seine Bücher aus den Regalen. Doch Jack läßt sich nicht einschüchtern. Er ist in Bestform – als politischer Redner und als Schriftsteller – und kann es sich leisten, die Welt herauszufordern.

»Weil ich Geschichten über Hunde und Wölfe, Goldsucher, Schiffe und Kannibalen erzählen kann, die alle in keinem Zusammenhang mit der Taktik, Strategie und Philosophie des Sozialismus stehen, kann ich eine enorme Masse Menschen dazu bringen, zuzuhören, wenn ich mir Luft mache und über Sozialismus rede.«

1903 erscheint Jacks erfolgreichster Roman, die Tiergeschichte Der Ruf der Wildnis, ein Jahr später ein weiterer Bestseller

DER SEEWOLF und 1906 die ebenfalls außerordentlich populäre Erzählung WEISSZAHN, DER WOLFSHUND.

In allen drei Büchern stehen das Wolfsmotiv und darwinistische Gedanken im Mittelpunkt: der Daseinskampf in der Natur und das Ausleseprinzip. Zugleich spielt aber auch der Einfluß der sozialen Umgebung auf menschliche und tierische Verhaltensweisen eine wichtige Rolle.

Im RUF DER WILDNIS erzählt Jack die Geschichte des Schäferhundes Buck aus Kalifornien, der mit dem Goldrausch nach Alaska kommt und dort als Schlittenhund eingesetzt wird. Im Kampf mit der Natur werden Urinstinkte entfesselt. Nach dem Tod seines Herrn findet Buck zu den Wölfen zurück und wird schließlich sogar zum Leitwolf eines Rudels »Wilder Brüder«.

Das Gegenstück zu dieser »Rückkehr zur Natur« schuf Jack drei Jahre später mit seiner Geschichte WEISSZAHN, DER WOLFSHUND (WOLFSBLUT). Auch hier wird ein Tierheld so »vermenschlicht«, daß er für allgemeine menschliche Erfahrungen stehen kann. Diesmal schildert Jack den umgekehrten Weg: von der Wildnis zur Zivilisation. Weißzahn, der Wolfshund, entwickelt sich von der Bestie zum Freund des Menschen.

»Wäre Weißzahn nie zum Feuer der Menschen gekommen, so hätte die Wildnis einen echten Wolf aus ihm gemacht. Nun hatten die Menschen ihm eine andere Umgebung gegeben, und er war zum Hunde geworden, der zwar etwas Wölfisches hatte, aber immerhin mehr Hund als Wolf war.«

Weißzahn lernt auch die Kehrseite der Zivilisation, die Welt des Profits, kennen. Von der »Bestie Mensch Schmitt« wird er gequält und zu brutalen Hundekämpfen abgerichtet. Am Ende aber erweckt ein neuer Herr in Kalifornien das Gute in seinem Wesen und erzieht Weißzahn zum Freund des Menschen, zum zivilisierten Haustier. »Im Lichte der Liebe« entfaltet sich Weißzahn »wie die Blume im Strahl der Sonne«.

Zweifellos ist das Wolfsmotiv nicht nur literarisch von zentraler Bedeutung. Jack identifiziert sich oft und gern mit wölfischen Eigenschaften, sieht sich als einsamer, hungriger Wolf, als Anführer eines Rudels. Privatbriefe unterzeichnet er häufig mit *Wolf*, und das Haus, das er bauen will, soll *Wolfshaus* heißen.
Auch das dritte Erfolgsbuch dieser Jahre, der Roman DER SEEWOLF, stellt das Wolfsgesetz der Wildnis gegen die Zivilisation:

»Ich glaube, daß das Leben ein wirrer Schmutz ist ... Die Großen fressen die Kleinen, damit sie sich weiterbewegen können, die Starken fressen die Schwachen, damit sie ihre eigene Stärke erhalten können. Die Glücklichen fressen am meisten und bewegen sich am längsten. Das ist alles. Was halten Sie davon?«

Der Vertreter dieser brutalen Naturphilosophie ist allerdings nicht Jack als Autor, sondern sein Titelheld, der »Seewolf« Wolf Larsen, der Kapitän des Robbenfängers *Ghost*, ein extremer Individualist, der die Mannschaft seines Schiffes skrupellos unterdrückt. Sein Gegenspieler, der Schriftsteller van Weyden, muß seine Ohnmacht resigniert eingestehen:

»Sittlicher Mut ist auf dieser kleinen schwimmenden Welt etwas vollkommen Wertloses ... Ich komme von dem Gedanken nicht los, daß die richtige Handlungsweise für mich darin gelegen hätte, ihn umzubringen. Er bezauberte mich unermeßlich, doch fürchtete ich ihn ebensosehr.«

Die Widersprüche zwischen sozialer Verantwortung und privatem Eigennutz, zwischen dem Wilden und Gezähmten, zwischen Natur und Zivilisation oder auch zwischen der Allmacht des Stärkeren und dem Recht des Schwächeren finden sich in fast allen bedeutenden Werken Jack Londons.
Zweifellos versteht Jack seinen Roman DER SEEWOLF als eine

Kritik an dem antisozialen, brutalen Kapitän Wolf Larsen. Dennoch hat der Leser den Eindruck, daß nicht nur der moralische Held van Weyden, sondern auch der Autor der Faszination seines selbsterschaffenen Helden erliegt. Beide sind nicht in der Lage, diesen »Luzifer des Meeres« und »Wolf in Menschengestalt« umzubringen:

»Und doch konnte ich mir nicht vorstellen, daß er ausgestreckt, tot, auf Deck liegen könnte. Über ihm lag ein Hauch ewiger Jugend.«

Die Konflikte der Protagonisten des Romans sind vielfach auch die seines Autors. In beide Figuren, in Humphrey van Weyden ebenso wie in Wolf Larsen, bringt Jack sich selbst mit ein. Ihre Auseinandersetzung spiegelt auch seine eigenen inneren Kämpfe.

Zu neuen Ufern

> »Mein Anteil am Leben ist nur kurz. Morgen oder am nächsten Tag vergehe ich für immer; und der Augenblick, in dem ich von Dir getrennt bin, und die Nacht, die ich fern von Dir verbringen muß, wird nie, niemals wiederkehren. Es gibt keinen Ersatz. So lebe ich von einem Tag zum andern wie ein Verschwender wider Willen ...
> Denn ich weiß, ich bin siebenundzwanzig, auf dem Höhepunkt meines Lebens und meiner Kraft; und ich weiß, daß diese jetzt verschwendeten Augenblicke die strahlendsten all meiner Augenblicke sind.«

Während Jack am SEEWOLF schreibt, gerät sein Privatleben zunehmend in eine tiefe Krise. Jack ist unglücklich über seine »rein biologische, lieblose« Verbindung mit Elizabeth. Er erkennt, daß Anna recht hatte, daß seine Vernunftehe ein Fehler war. Aber auch seine eigene Lebensweise will ihm nicht mehr gefallen.

Er fühlt sich eingeengt, möchte ausbrechen, zurück zu den Wölfen, doch er wagt es nicht. Nur mühsam hält er die Fassade bürgerlichen Glücks aufrecht. Immer häufiger verfällt er in Depressionen:

»Alles, wofür ich gekämpft und in den Nächten mein Öl verbrannt hatte, war eine Enttäuschung gewesen. Erfolg – ich verachtete ihn. Anerkennung – nichts als ausgebrannte Asche. Gesellschaft, Männer und Frauen, die sich über den Pöbel der Wasserkante und des Vorderkastells erhaben fühlten – mich ekelte ihre lieblose Mittelmäßigkeit. Frauenliebe – nicht besser als alles übrige. Geld – ich konnte nur in einem Bett auf einmal schlafen, und welchen Wert hatte es, wenn ich mir hundertmal am Tage Mittagessen kaufen und doch nur einmal essen konnte? Kunst, Kultur – angesichts der eisernen Tatsachen der Biologie waren derartige Dinge lächerlich, ihre Exponenten noch lächerlicher. Man kann hieraus ersehen, wie krank ich war.«

Jack unternimmt verschiedene Ausbruchsversuche, verwickelt sich in flüchtige Liebschaften. Bis er eines Tages auf die Frau trifft, in der er die Gefährtin seines Lebens sieht: Charmian Kittredge. Jack fühlt sich zerrissen zwischen der neuen Liebe und der Verantwortung gegenüber Elisabeth und seinen Töchtern.
Als er schließlich doch sein Haus und seine Familie verläßt, greift die Presse das begierig auf. Überall in den Staaten erscheinen Klatsch- und Skandalgeschichten über Jacks gescheiterte Ehe. Ihren Höhepunkt finden die Kampagnen, als es zum Scheidungsverfahren kommt. Das Verlassen der Familie ist Wasser auf die Mühlen seiner politischen Gegner. Lautstark beklagen sie den moralischen Verfall, der eine direkte Folge des Sozialismus sei. In einigen Kirchen predigen die Pfarrer von den Kanzeln herab, daß Jack ein Verderber der Jugend sei und seinem teuflischen Einfluß ein Ende gemacht werden müsse. Frauenvereine verlangen den Boykott seiner Bücher, die Zeitschriften werden aus Gründen der Moral aufgefordert, keine Jack-London-Geschichten mehr abzudrucken. Und in mehreren Städten veranstalten die Bibliotheken sogar öffentliche Verbrennungen seiner Bücher.
Jack scheint das kaum zu beeindrucken. Äußerlich läßt er sich nichts anmerken, hält weiter seine Vorträge und schreibt gerade in dieser Zeit einige seiner besten Bücher. Nicht selten aber flüchtet er sich in Alkoholorgien oder erliegt melancholischen Stimmungen. In KÖNIG ALKOHOL schildert Jack, daß er in dieser Zeit nahe daran war, sich das Leben zu nehmen:

»Ich überlegte ganz ernst und kaltblütig, wie ein griechischer Philosoph, ob ich mir das Leben nehmen sollte. Leider aber waren zu viele von mir abhängig, denen ich Nahrung und Wohnung

schaffen mußte, als daß ich ein Recht auf Selbstmord gehabt hätte. Das waren jedoch rein moralische Betrachtungen. Was mich in Wirklichkeit rettete, war die einzige Illusion, die mir noch geblieben war: das Volk.
Den Kampf um dieses Ideal mußte ich noch kämpfen, und dieser Kampf lohnte sich ... Und als ich zu gesunden begann, vollendete die Liebe einer Frau die Genesung und senkte meinen Pessimismus für lange Zeit in Schlaf.«

Die Retterin und neue, große Liebe ist Charmian. Jack heiratet die »romantische Gefährtin« einen Tag nach seiner Scheidung. Beide verbindet der Traum von einer großen, siebenjährigen Reise um die Welt, auf einer eigenen Segeljacht, die nach Jacks Plänen gebaut werden soll und die er selbst steuern will. Um das Geld für dieses Projekt zu beschaffen, muß Jack, der inzwischen eine Farm, mehrere Häuser und Familien unterhält, erneut Übermenschliches leisten. Regelmäßig steht er nach fünf Stunden Schlaf mit der Sonne auf und arbeitet bis spät in die Nacht. Jede Planke seines Schiffes will erschrieben sein.
Unter solchem Druck gelingen Jack einige seiner besten Erzählungen und eines seiner eigenartigsten Werke: der Zukunftsroman DIE EISERNE FERSE. Im Mittelpunkt einer utopischen Vorausschau steht der Kampf des Arbeiterführers Ernest Everhard gegen die Macht der »Eisernen Ferse«, ein diktatorisches Regime der Unternehmer und Konzernherren.
Erstaunlich an dem 1906 geschriebenen Roman, der in den Jahren 1912 bis 1932 spielt, ist vor allem die genaue Vorhersage des Faschismus. Auch der Beginn des Ersten Weltkrieges wird ziemlich präzise für das Ende des Jahres 1912 prophezeit. Im Roman freilich kann der Krieg von deutschen und amerikanischen Arbeitern durch einen gemeinsamen Generalstreik gerade noch abgewendet werden.
Jack nutzt die Lebensgeschichte des Ernest Everhard, die als Manuskript im Zeitalter der »Menschenbrüderschaft«, im Jahre

2700, wiederentdeckt, kommentiert und veröffentlicht wird, um eigene Erkenntnisse und Überzeugungen in einer romanhaften Handlung auszubreiten. Zum erstenmal steht ein Held, der nicht nur für sich selbst, sondern für seine Ideen und die unterdrückten Menschenbrüder kämpft, im Mittelpunkt einer Geschichte.

DIE EISERNE FERSE wird allerdings nicht der erwartete Verkaufserfolg. Jacks Prophezeiungen sind zu düster, die Fabel ist zu theorieüberladen, um bei einem breiten Publikum Interesse und Verständnis zu finden. Dennoch markiert die EISERNE FERSE einen Höhepunkt in Jacks politischer Arbeit.

Erst in späteren Jahren werden die Brisanz des Romans und die seherische Kraft seiner historischen Voraussagen anerkannt. Auch im Negativen. Als im Jahr 1933 in Deutschland die Nazis, als »Eiserne Ferse«, die Macht ergreifen, landen auch Jack Londons Werke auf den Scheiterhaufen der Bücherverbrenner.

Endlich – im Jahre 1906 – hat sich Jack sein Traumschiff zusammengeschrieben. Kurz bevor die *Snark* jedoch vom Stapel laufen kann, wird San Francisco durch ein verheerendes Erdbeben erschüttert. Jack steht vor den Trümmern seines Traums. Doch gibt er auch diesmal nicht auf. Noch am gleichen Tag schreibt er seine berühmte Reportage über das Erdbeben und kabelt sie als einer der ersten nach New York. Nach einem weiteren Jahr und über 30000 Dollar Baukosten kann die Fahrt der *Snark* beginnen. Richtung Südsee.

»Hinaus mit dir und ringe mit dem Meere, beschwinge deine Fersen mit aller Fertigkeit und aller Macht, die in dir wohnt, zügle die Sturzseen des Meeres, mach sie dir untertänig und reite auf ihrem Rücken, wie es sich für einen König ziemt.«

Zwei Jahre lang durchkreuzt Jack den Stillen Ozean auf der Suche nach exotischen Paradiesen: Hawaii, Tahiti, Bora-Bora, Fidschi, Samoa – neue Landschaften, die neue Erfahrungen bringen, Stoff und Atmosphäre zahlloser Südseegeschichten.

»So schossen wir über das Wasser dahin. Und welches Wasser! Den einen Augenblick waren wir über einem wunderbaren Korallengarten, wo vielfarbene Fische sich wie Seeschmetterlinge tummelten. Den nächsten Augenblick erhoben sich ganze Scharen fliegender Fische in silberglänzendem Flug.«

Um die Reise finanzieren zu können, beliefert Jack drei verschiedene amerikanische Zeitschriften fortsetzungsweise mit Artikeln und Fotografien. Innerhalb von zwei Jahren entstehen sechs Bücher – unter anderem auch sein autobiographischer Roman MARTIN EDEN. Daneben wirkt Jack als Kapitän, Steuermann, Schiffsarzt und Gastgeber. Die Überanstrengung hat verhängnisvolle Folgen. In seinem Roman KÖNIG ALKOHOL gesteht Jack:

»Natürlich trank ich damals. Ich trank mit meinen Gästen und mit meinen Wirten. Und ich trank auch allein. Die von mir verrichtete Fünfmännerarbeit gab mir meiner Meinung nach das Recht dazu. Alkohol war gut für einen Mann, der sich überanstrengte ...«

In Australien muß die für sieben Jahre geplante Weltreise abgebrochen werden. Jack ist schwer erkrankt und muß gemeinsam mit seiner Frau per Dampfschiff zurückreisen. Die *Snark* kommt auf den Auktionsblock und wird für ein Zehntel ihres Wertes versteigert. Doch schon gibt es einen neuen Plan: die Ranch im *Mondtal* – Jack will sein Wolfshaus bauen, einen großen Palast und eine gigantische Farm. Schon jetzt muß er für nahezu hundert Menschen sorgen: Familienangehörige, Hausangestellte, Landarbeiter, Vagabunden, Dichterfreunde, entlassene Sträflinge. Bettelbriefe pflegt er mit eingelegten Dollarscheinen zu beantworten, und Geldspenden an seine Parteifreunde zeichnet er mit der Formel: *der Ihre für die Revolution.*

Das Ende

»Ich habe alles satt, ich denke nicht mehr an die Welt oder die soziale Bewegung oder an Schriftstellerei als Kunst. Ich bin ein großer Träumer, aber ich träume von meiner Ranch, von meiner Frau. Ich träume von schönen Pferden und fruchtbarer Erde (...). Und ich schreibe für keinen anderen Zweck als der Schönheit, die mir gehört, etwas hinzuzufügen. Ich schreibe Bücher zu keinem anderen Zweck als drei- oder vierhundert Morgen meinem großen Landbesitz einzuverleiben ... Mein Vieh interessiert mich mehr als mein Beruf. Ich glaube, daß ich meine Rolle gespielt habe.«

Das nächste und letzte große Abenteuer ist der Aufbau einer Musterfarm. Jack will sein eigenes, kleines Reich gründen, nur noch Farmer und Viehzüchter sein und steckt all sein Geld in den Ankauf von Land, Pflanzen und Zuchtvieh. Alles wird nach den neuesten naturwissenschaftlichen Erkenntnissen verwirklicht: ob es um die Anpflanzung von 60000 Eukalyptusbäumen, die Pferdezucht oder die Haltung von Schweinen und Schafen geht. Jacks *Beauty Ranch* soll ein Vorbild für ganz Amerika werden.

»Für mich ist die Ranch das, was Schauspielerinnen, Rennpferde oder Briefmarkensammlungen anderen Männern bedeuten. Vom Nutzenstandpunkt aus gesehen, hoffe ich mit der Ranch zwei Ziele zu erreichen: 1. das Land dadurch, daß ich gelebt habe, in besserem Zustand zu hinterlassen; 2. dreißig oder vierzig Familien zu ermöglichen, glücklich auf einem Grund und Boden zu leben, der vorher so ausgelaugt war, daß durchschnittlich drei Farmer auf jeder der fünf Farmen Bankrott gemacht hatten, ehe diese in meinen Besitz übergangen waren.«

Nur das Beste ist gut genug. Die Schweinemast beispielsweise hat den höchsten technischen Standard ihrer Zeit. Jack bringt seine selbstverständlich preisgekrönten Schweine in sterilen Ställen unter, um sie vor Krankheit zu schützen. Vor dem Betreten der Ställe müssen die Besucher durch antiseptische Fußbäder waten. Alle Ställe sind rings um einen Fütterungsturm angeordnet und können von dort zentral versorgt werden.
Mehr als fünfzig Bau- und Landarbeiter leben mit ihren Familien auf der Ranch. Jack baut eine eigene Molkerei, plant eine Schule, ein kleines Kaufhaus und eine Modellsiedlung für seine Arbeiter. Doch immer wieder gibt es Rückschläge. Die Eukalyptusbäume erweisen sich als Fehlinvestition, seine wertvolle Angora-Ziegenherde wird von einer Seuche hinweggerafft, die Schweine sterben an Lungenentzündung, verursacht durch den kalten Steinfußboden in den Ställen, sein Lieblingspferd, ein teurer Shire-Hengst, wird eines Tages tot auf der Weide gefunden, und der preisgekrönte Kurzhornbulle bricht sich das Genick. Jack steckt mehr Geld in die Farm als er erwirtschaften kann und muß sich hoch verschulden. Trotzdem ist er überzeugt, daß sich nach einigen verlustreichen Gründerjahren die Farm eines Tages selbst tragen kann.
Die größte Katastrophe aber trifft ihn 1913, als das gerade fertiggestellte gigantische *Wolfshaus* bis auf die Grundmauern niederbrennt. 70000 Dollar gehen in Flammen auf. Jack verändert sich. Die Anfälle von Weltschmerz und Ekel werden häufiger, Jack bekämpft sie mit Drogen und Alkohol. Er bleibt zwar weiterhin ein großzügiger Gastgeber, gut ein Dutzend Besucher wohnt regelmäßig auf seiner Farm und genießt seine Gastfreundschaft. Auch sein Pensum hält er eisern durch. Doch er erkennt immer mehr, daß er nur noch im Akkord gegen seine Schulden anschreibt, freudlos, ohne inneres Feuer und Interesse. Seine Erfindungsgabe scheint nachzulassen. Der Verkauf seiner Bücher geht zurück.
Das schlimmste für Jack aber ist, daß ihn sein Körper immer mehr

im Stich läßt. Er leidet unter einer Reihe von Krankheiten, die er durch falsche Ernährung und eine jahrelange Selbstbehandlung mit fragwürdigen Arzneien und Giften wie Arsen, Opium, Heroin und Morphium zu einer körperlichen Katastrophe anwachsen ließ. Nur nach außen hin spielt er noch stundenweise den Übermenschen, den Selfmademan, den Aufsteiger, der es zu Wohlstand und Grundbesitz gebracht hat, doch innerlich ist er ein Wrack mit falschen Zähnen und kaputten Nieren. Der Glaube an die eigene Kraft ist an seine Grenze gestoßen:

»Fragwürdig und vergänglich, nur ein Stück pulsierenden Lebens – das ist alles, was ich bin. Rund um mich sind die größten Mächte der Natur – kolossale Bedrohungen, Titanen der Vernichtung, unsentimentale Ungeheuer, die weniger Rücksicht auf mich nehmen als ich auf das Sandkorn, das mein Fuß zertritt.«

Dann kommt das Ende, für das es eine Vielzahl von Erklärungen gibt. Die eine: Jack habe sich ausgeschrieben, er habe sich selbst mit goldenen Ketten als Lohn- und Schnellschreiber versklavt. Eine andere: Einsamkeit, seine zweite Ehe sei gescheitert, nicht zuletzt, da Charmian den Wunsch nach einem Sohn und Erben nicht erfüllen konnte. Eine dritte: König Alkohol, das Laster, dem er seit seiner Jugend verfallen war. Eine vierte: der Bruch mit der Sozialistischen Partei, die lange sein moralischer Rückhalt und Lebensinhalt war. Eine fünfte: die drückende Schuldenlast. Das eine oder andere mag ein Grund seines frühen Todes gewesen sein, vielleicht auch eine Verkettung mehrerer Motive. Aber ist es wirklich Selbstmord? Fest steht: Jack nimmt am 21. November 1916 eine Überdosis Morphium zu sich. Auf dem Totenschein steht »Urämie im Gefolge einer Nierenkolik« und »chronische interstitielle Nephritis«. Die These vom bewußt gewählten Freitod, der die meisten Biographen anhängen, wird neuerdings jedoch bezweifelt.

Andrew Sinclair macht ein Zusammentreffen verschiedener Faktoren in jener Nacht für Jacks frühen Tod verantwortlich: einen unerträglichen Schmerz, den er rasch betäuben will, die überhöhte Giftdosis, seinen zerstörten Körper, der Krankheit und Vergiftung nicht mehr verkraftet, und schließlich auch den lange angestauten Lebensüberdruß. Obwohl die Ärzte einen Tag lang um sein Leben ringen, während Jack im Koma liegt, scheint »sein Wunsch, zu sterben, stärker gewesen zu sein als sein Wunsch, zu leben«, stellt Sinclair fest. »Jacks Selbstvernichtung fand nicht in jener Nacht statt.«

Jack hat hungriger, intensiver und schneller gelebt als andere. Er stirbt auf dem Gipfel seines Ruhms als einer der erfolgreichsten und beliebtesten Schriftsteller der Welt. Über die vierzig Jahre, die er als Abenteurer, Tramp und Rebell, aber auch als Farmer, als Land- und Weltverbesserer lebte, hat er selbst einmal gesagt:

»Aufzustehen, auf meinen eigenen zwei Füßen zu stehen, dem Leben ins Auge zu blicken, so wie es ist, nichts zu fürchten, den Tod an andere herankommen zu sehen mit derselben Haltung wie an mich selber, alle Dinge des Lebens zu kennen und mich selber nur für ein Ding in diesem Leben zu halten ... mit meinen Händen Handarbeit zu tun und mit meiner Stirn die Stirn zu bieten, jede Feigheit zu verachten und jeden mutigen Mann zu achten ... so habe ich gelebt, roh vielleicht, aber frei und offen. Ich schäme mich nicht meines Lebens. So wie es war, war es meins.«

Quellen

Über Jack London sind in den bald siebzig Jahren seit seinem Tod zahlreiche Biographien, Untersuchungen und Aufsätze erschienen – Leben und Werk sind gründlich erforscht. Meine Arbeit stützt sich vor allem auf Jacks eigene biographische Aussagen, auf seine Werke und die folgenden Darstellungen, die ich auch zum Weiterlesen empfehlen möchte:

Ayck, Thomas: *Jack London. In Selbstzeugnissen und Bilddokumenten.* Rowohlt, Reinbek 1976

Recknagel, Rolf: *Jack London. Leben und Werk eines Rebellen.* Verlag Neues Leben, Berlin (DDR) 1975; Lizenzausgabe Weltkreis-Verlag, Dortmund 1975

Sinclair, Andrew: *Jack London. Eine Biographie.* Büchergilde Gutenberg, Frankfurt 1983

Stone, Irving: *Zur See und im Sattel. Das Leben Jack Londons.* Rowohlt, Reinbek 1955

Troller, Georg Stefan: *Der Abenteurer. Das kurze wilde Leben des Jack London.* Gütersloh 1968

Jack Londons Werke sind in vielen verschiedenen Ausgaben auf dem Markt, vor allem als Taschen- und Jugendbücher. Zumeist gehen sie auf die Erstübersetzung von Erwin Magnus aus den zwanziger Jahren zurück, die zuerst beim Universitas Verlag, München, erschien, der die deutschen Rechte für das Gesamtwerk Jack Londons verwaltet.

Die zur Zeit beste Sammelausgabe der Romane und Geschichten Londons, aus der die meisten Zitate dieses Buchs stammen, ist bei der Büchergilde Gutenberg erhältlich. Allerdings fehlt Jacks wichtigster politischer Roman: *Die eiserne Ferse.* Übersetzt von Christine Hoeppener. Weismann Verlag, München 1973.

Zeittafel

1876 12. Januar: Jack wird als Sohn des Astrologen William Henry Chaney und der Flora Wellmann in San Francisco geboren;
7. Januar: Mutter Flora heiratet den Witwer John London, Jack wird adoptiert.

1880 Umsiedlung nach Alameda. Beginn des Landlebens auf verschiedenen Farmen.

1881 Einschulung.

1886 Scheitern der landwirtschaftlichen Unternehmungen, Rückzug der Familie in das Oaklander Armenviertel;
Arbeit als Zeitungsjunge, Gelegenheitsjobs;
Jack entdeckt die Oaklander Volksbücherei.

1890 Hilfsarbeiter in einer Konservenfabrik.

1891 Jack macht sich als Austernpirat selbständig.

1892 Patrouillenführer bei der Fischereipolizei.

1893 Vollmatrose auf dem Robbenfängerschiff *Sophia Sutherland;*
1. Preis im Zeitungswettbewerb mit der Erzählung *Taifun vor der japanischen Küste;*
Arbeit in einer Jutemühle.

1894 Jack schaufelt Kohlen für die Oaklander Straßenbahn;
Arbeitslosenarmee des »General« Kelly;
Scheitern des Protestmarsches, Jack vagabundiert als Eisenbahntramp durch die Vereinigten Staaten;
Häftling im Erie-County-Gefängnis;
im Herbst Rückkehr nach Oakland.

1895 Eintritt in das Oaklander Gymnasium (High School);
Henry-Clay-Debattierklub;
Verbindung zur Sozialistischen Arbeiterpartei;
Jack verliebt sich in Mabel Applegarth.

1896 Jack verläßt die Schule und bereitet sich im Selbststudium auf die Aufnahmeprüfung der Universität vor;
Redner der *Socialist Labor Party* in Oakland;
August: Beginn des Universitätsstudiums in Berkeley.

1897 Abbruch des Studiums wegen familiärer Notlage;
Arbeit in einer Dampfwäscherei;
25. Juli: Abfahrt nach Alaska, Teilnahme am großen Goldrausch;
16. Oktober: Antrag um eine *Erlaubnis zum Goldschürfen.*

1898 Erkrankung an Skorbut, Jack kehrt ohne Ausbeute nach Kalifornien zurück und muß erneut für die Familie sorgen;
Gelegenheitsarbeiten, vergebliche schriftstellerische Bemühungen, Examen für den Postdienst.

1899 Januar: Veröffentlichung einer Alaska-Kurzgeschichte im *Overland Monthly,* weitere Publikationen im Frühjahr;
Jack lehnt eine sichere Stelle bei der Post ab. Konzentration auf die schriftstellerische Karriere: bis zu 2000 Wörter täglich;
Beginn der Freundschaft mit Anna Strunsky.

1900 Kurzgeschichtensammlung *Der Sohn des Wolfes,* erste Buchveröffentlichung;
7. April: Heirat mit Elizabeth Maddern.

1901 Geburt der Tochter Joan;
Eintritt in die neugegründete *Socialist Party,* Kandidatur bei der Bürgermeisterwahl in Oakland;
weitere Bände mit Kurzgeschichten, literarische Anerkennung;
Zusammenarbeit mit Anna Strunsky *(The Kempton-Wace Letters).*

1902 Bruch mit Anna;
Reise nach London, Sozialreportage über das Elensviertel East End *(Die Menschen des Abgrunds / Die Stadt der Verdammten);*
Politische Publikationen, z. B. der Aufsatz *Wie ich Sozialist wurde.*

1903 Verbindung mit Charmian Kittredge;
Erfolg des Romans *Wenn die Natur ruft / Der Ruf der Wildnis.*

1904 Korrespondent im Russisch-Japanischen Krieg für den Hearst-Pressekonzern;
Roman *Der Seewolf;*
Politische Vortragsreisen.

1905 Scheidung von Elizabeth, Eheschließung mit Charmian, Kauf der Ranch in Glen Ellen;
Sammelband sozialistischer Essays *(Klassenkampf),* politische Vortragstournee, erneute Kandidatur bei der Bürgermeisterwahl in Oakland, Boykottkampagnen gegen Jacks Bücher.

1906 Reisen und Reden für die Sozialisten;
Plan einer Weltumseglung, Bau der Segelyacht *Snark;*
19. April: Erdbeben in San Francisco;
Romane *Wolfsblut* und *Die eiserne Ferse.*

1907 *Abenteurer des Schienenstranges / Abenteuer eines Tramp;* Beginn der Seereise der *Snark,* zusammen mit Charmian (Hawaii, Marquesas, Tahiti).

1908 Jack schreibt den autobiographischen Roman *Martin Eden;*
Samoa, Fidschi- und Salomoninseln;
Erkrankung, Klinikaufenthalt in Australien.

1909 Ende der Seereise, Versteigerung der *Snark.*

1910 Ausbau der *Beauty Ranch* in Glen Ellen, zunehmendes Interesse für Landwirtschaft, Plan des Wolfshauses;
Roman *Lockruf des Goldes,* politische Essays *(Revolution).*

1911 *Südseegeschichten, Die Fahrt der Snark* u. a.

1912 *Alaska Kid* u. a.

1913 *König Alkohol* u. a.;
das *Wolfshaus* brennt kurz vor der Fertigstellung ab, finanzielle Verluste in der Landwirtschaft.

1914 Kriegsberichterstatter in Mexiko;
Das Mondtal, Die Meuterei auf der Elsinore u. a.

1915 *Die Zwangsjacke* u. a.;
Erholungsreise nach Hawaii, Krankheiten und Depressionen.

1916 *Die kleine Herrin des großen Hauses;*
Austritt aus der Sozialistischen Partei;
22. November: Tod durch eine Überdosis Morphium.
26. November: Beisetzung der Urne auf der *Beauty Ranch.*